三步成师

培训师十项实战技能修炼

小胡子老师陈练 著

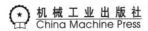

图书在版编目（CIP）数据

三步成师：培训师十项实战技能修炼 / 小胡子老师陈练著 . -- 北京：机械工业出版社，2022.4（2022.9 重印）
ISBN 978-7-111-70425-6

I. ① 三… Ⅱ . ① 小… Ⅲ . ① 职业培训 Ⅳ . ① C975

中国版本图书馆 CIP 数据核字（2022）第 048711 号

三步成师：培训师十项实战技能修炼

出版发行：机械工业出版社（北京市西城区百万庄大街22号 邮政编码：100037）	
责任编辑：华 蕾	责任校对：殷 虹
印　　刷：北京联兴盛业印刷股份有限公司	版　　次：2022年9月第1版第2次印刷
开　　本：170mm×230mm 1/16	印　　张：17
书　　号：ISBN 978-7-111-70425-6	定　　价：69.00元
插　　图：优视觉阿翔老师	

客服电话：(010) 88361066 68326294

版权所有·侵权必究
封底无防伪标均为盗版

— 前言

小胡子说

感谢你翻开这本书。

如果你以前没参加过小胡子培训,在拿到这本书的时候,首先可能会想:小胡子老师是谁呀?这外号挺有意思的。

其实我认为小胡子是谁不重要,重要的是这本书对你有没有价值。当然,如果你想成为培训讲师的话,相信小胡子的经历,会对你有所启发。

小胡子姓陈,名威,字练(名是父母所赐,字是自己所取)。我曾经的标签是军人,扛过枪、站过岗、立过功,现在的标签是专注TTT培训的讲师。因为留有一撮小胡子,被学员们称为小胡子老师。

从一名军人转型成为讲师,这个跨度挺大的吧?最大的驱动力,我想除了热爱,还是热爱。正是因为对讲台的向往,脱下军装后,我才毅然放弃了分配的"铁饭碗"工作,义无反顾地走进教育培训行业。

可能有人会想,我能转型成为讲师,是不是有天赋,比如口才特别好。

事实恰恰相反，我从小性格内向，不善言谈。上小学二年级时，六一儿童节，学校举办讲故事比赛，在妈妈再三鼓励下我才报了名。那天我讲的故事是《阿里巴巴和四十大盗》，当讲到"芝麻，开门吧！"时，我突然忘词了。我一边努力回想，一边不停念叨"开门吧，开门吧"。全校师生哄堂大笑。老师实在看不下去了，跑到舞台下面，招手让我下去。而我还是继续在台上说着"开门吧"，无奈之下，她只好上台把我拽了下去。第一次登台以惨败告终，那一年我8岁。

后来有一次看电影，里面有个小和尚讲话结巴，我觉得很有意思，便跟着他学，没想到一学就会，结果导致了严重口吃，有很长一段时间根本不敢跟人说话。这些经历就是我的"底子"，所谓的"天赋"。

从一个最怕说话的人，一路跌跌撞撞、磕磕绊绊，到一名教大家如何表达、如何授课的TTT培训讲师，在蜕变过程中，我悟出了什么才是"天赋"。**我认为的"天赋"，就是天天赋予努力。**所有的成长，都是跟自己死磕。每个人最大的对手就是自己，每个优秀个体的成长，都是由内而外，持续打破自我、重塑自我的过程。

有口吃，说话不利索，我就每次讲话前深吸一口气，顺着气流慢慢说；不敢上台，就一次次报名参加各类活动和演讲比赛，在台上丢了面子，就再回到台上捡回来；总结能力不够，文字功底不行，就自学汉语言文学课程，看书、读报、摘抄、练笔；不会做PPT，就买电脑、买书回来，照葫芦画瓢；想走上讲台，就到处听课学习、取经学艺。

后来我读王阳明，才明白这就是"人须在事上磨"，即持续做自己不会做的事。缺什么，就练什么；怕什么，就干什么！

相信我的这些经历能给你平添不少信心。只要有讲师的梦想，且愿意死磕，人人皆可为讲师！

那么，为什么要成为讲师呢？内在的驱动力是什么呢？

美国心理学家奥苏贝尔将内驱力分为三种：认知内驱力、自我提高内驱力和附属内驱力。下面，我就从这三个维度，来谈一谈成为讲师的好处。

一，成为讲师，是圆你讲台梦想的最好体现。

梦想能够激发你的认知内驱力，你的行为将受学习兴趣驱使。

我听过不少内训师说，走上讲台圆了他们当老师的梦。我也是因为热爱讲台、享受讲台，才义无反顾。正如乔布斯所言："促使我一往无前的唯一动力，就是我热爱我所做的一切。"

如果你也由衷地热爱讲台，那么恭喜你，已经拥有成为培训师的潜质了！

二，成为讲师，是实现职场跃迁的最好方式之一。

以自我提高为内驱力，就是以个人成长为动机，意味着你有强烈的进取意愿。

如果你在企业工作，那么成为内训师，将是你在职场上获得快速成长最好的方式之一。学习的最高段位，是拥有一个升级系统。而努力学习成为内训师，就是给自己装配一个升级系统，帮助自己多元化学习、叠加式突破、变量式成长。教是最好的学，给别人培训的过程，是知识管理、逻辑思考、总结萃取、电脑操作、表达呈现等多维度能力的综合磨炼过程，而这些能力恰恰是职场必备的软实力、"升级打怪的核武器"。

一个维度比的是长度，两个维度比的是面积，三个维度比的是体积，这是多维度的长板修炼术。多元化的时代，最值钱的是多面手。

光干不说傻把式，能干会说才是真把式。多年来，我见证了无数优秀内训师在学习中获得内生的力量，从而把握住更多机会，我由衷地为他们的成长感到高兴。

如果你在职场的发展中遇到了瓶颈，转型成为职业讲师也是个不错的选择。当今职场越来越年轻化，竞争越来越内卷化，随着年龄的增长，向上移动发展的可能性会变小。在抵达"职业高原"之前，不如用横向移动代替纵向提升。弯道超车，不如换道赛车。只要你的培训课程深受学员和市场欢迎，你就永远不会失业。而且，职业讲师越老越吃香，越老越值钱。

三，成为讲师，是赢得认同的最好途径之一。

附属内驱力让你渴望获得认同和肯定，实现自我价值。

师者，传道授业解惑也。培训授课，是一项成就他人的事业。从事培训十几年来，我一直庆幸自己当年在十字路口的选择，因为没有一项事业或专业技能，比培训更让我有价值感和幸福感。

多年前，我在《孟子》中读到"君子三乐"时，深有感触。孟子认为，人生中有三件事情是最快乐的："父母俱存，兄弟无故，一乐也；仰不愧于天，俯不怍于人，二乐也；得天下英才而教育之，三乐也。"你看，孟子将培训教育当作人生三乐之一。有人听你讲课，那是件多么快乐幸福的事啊！

成人达己、成己为人，你的分享可以传播科学的认知，传授实用的方法，传递向上的力量，传承匠心的精神，赋予更多人突破的能量，加快更多人的成长，这是培训教育真正的价值和意义。

总的来说，成为培训讲师，价值多多、益处多多：打造软实力，赢得竞争力，拥有持续力，获得影响力……

那么，如何通过系统学习，成为一名优秀的培训讲师呢？其必修课就是TTT（Training the Trainer to Train），即培训培训讲师的培训课程。

十年前，我开始研习和专注于讲授 TTT 课程。潜心学习后，才深知培训教学是一门大学问，融合了教育学、心理学、逻辑学、语言学、演讲学、传播学、脑科学等众多学科。孔子最得意的门生颜回曾感叹"仰之弥高，钻之弥坚"，意思是越钻研探索，越觉得学问博大厚实。对此我深有同感，这也是之前迟迟不敢动笔著书的原因。一直等到如今，讲授 TTT 课程满十年、超千场后，心得感悟越来越多，勇气底气越来越足，才觉得到了可以写点东西的时候了。

市场上有不少关于培训讲师学习的书籍，那么小胡子这本书，有何不同，为什么值得一读呢？其实本书特色，也就是我写这本书的小目标：看得懂＋用得上。

一是看得懂。

全国的培训讲师队伍，数量上当然以企业内训师居多，但市面上关于培训的书籍，主要是针对学校教师和职业讲师的，理论性、学术性太强，难以快速理解和运用。而且内训师基本都是兼职，本职岗位任务多、指标多、压力大，忙起来连备课都没时间，哪有精力去钻研高深的教学理论。

比如，开发设计课程的核心理论是 ADDIE 模型，在《教学设计原理》一书中，当代著名教育心理学家罗伯特·加涅对此做了详细解读，具体如下。

1. 分析（Analysis）

①确定需要，即要利用教学来解决问题；②进行教学分析以确定教程的认知、情感与动作技能方面的目的；③确定期望初学者具备的技能以及哪些技能会影响他们对教程的学习；④分析可利用的时间以及在这段时间内可以实现多少目的。

2. 设计（Design）

①把教程的目的转换成表现性的结果与主要的教程目标；②确定所涵盖的教学主题或单元，以及用于每一个主题或单元的时间；③依据教程目标安排单元顺序；④充实教学单元，确定每一个单元所要达到的主要目标；⑤确定每一个单元的课程与学习活动；⑥开发出评价学生已习得的内容的具体标准。

3. 开发（Development）

①确定学习材料与活动的类型；②起草学习材料与活动的内容；③在目标受众中进行材料与活动的试用；④修改、精练、生产材料与活动；⑤开

发教师培训或附加材料。

4. 实施（Implementation）

① 购买材料以便为教师或学生所采用；② 在必要的时候提供帮助与支持。

5. 评价（Evaluation）

① 实施学生评价计划；② 实施教学评价计划；③ 实施教程维护与修改计划。

ADDIE模型其实是一个非常重要的教学理论，但相信不少内训师看了会一头雾水。《李小龙：生活的艺术家》一书提到，李小龙曾说过这样的话："记住一条重要的教学规则，即简练形式的运用。"不管是平时TTT培训授课，还是写作此书，我遵循的都是简练原则。基于理论，但绝不照搬理论。把大块头的理论，掰开了说，揉碎了讲。对于用不上的理论，直接不讲；对于必须用的理论，简单地讲。最终目的就是让大家一看即懂、一学即会。

我这本书，其实就讲了三个字：编、导、演。三步成师，扎实走好三步：能编、善导、会演，做一名学员喜欢的培训讲师。

二是用得上。

好的书，不仅要看得懂，更要用得上。

教学原理千万条，实用实战第一条。

如何实用，少不了工具方法。三步成师，每一步如何走呢？我结合十年来的教学心得，经过反复打磨迭代，总结萃取了如图0-1所示的十大模型，力求好记、好用。

如何实战，少不了场景案例。为了便于大家理解和迁移，根据运用场景，我精选了几十个来自TTT课堂和日常辅导的真实案例。这些案例都是独一无二的，既生动又经典，多看看优秀讲师们是如何开发课程、设计教学的，相信能让你"脑洞大开"。

图 0-1 三步成师十大模型

写一本让大家看得懂、用得上的培训指导书，是我写作的初衷。写我所用、用我所写，希望这本书，能成为你培训之路上随取随用的"工具箱"。即使没时间从头到尾读，需要用时，随时翻开，相信都能找到你想要的答案。如果在培训中遇到特殊难题了，你也可以通过"小胡子学堂"公众号找到我，共同交流探讨。

做好每一次培训，讲好每一堂课，这是我们所有培训人共同的目标。

为了同一个目标，接下来，欢迎大家正式走进小胡子 TTT 课堂：三步成师，我们走起！

小胡子老师陈练

2022 年 3 月

目录

第 1 步
能 编
课程内容开发

前言　小胡子说

第 1 章　靶盘模型：让课程定位精准　2
1.1　定方向：计划讲什么课　3
1.2　定对象：要跟什么人讲　10
1.3　定需求：要解决什么问题　13
1.4　定目标：要达到什么教学目标　19
1.5　定课题：点亮培训课程　23

第 2 章　四化模型：让结构条理清晰　27
2.1　归纳简单化：让目录简洁直观　28
2.2　逻辑结构化：让目录结构严谨　33
2.3　条理通畅化：让目录层次分明　38
2.4　语言精练化：让目录表述精准　41

第 3 章　萃取模型：让内容干货满满　　57

3.1　外取：博采外部知识　　58

3.2　内萃：萃取个体经验　　65

3.3　提炼：提炼知识晶体　　71

第 4 章　美化模型：让课件制作美观　　83

4.1　选模板：清新简约　　85

4.2　填文字：一目了然　　90

4.3　配图表：图文并茂　　97

4.4　设动画：动静相宜　　104

第 2 步
善　导
课程教学设计

第 5 章　坡道模型：让开场一鸣惊人　　110

5.1　建信任：自报家门　　112

5.2　调氛围：破冰启航　　119

5.3　激动机：调动动力　　124

5.4　切主题：过渡自然　　127

第 6 章　讲解模型：让讲授深入浅出　　132

6.1　降维讲解：形象化教学　　134

6.2　同维讲解：案例化教学　　143

6.3　全维讲解：视觉化教学　　155

第 7 章　转化模型：让学习有效迁移　　164

7.1　让学员动口：思考提问　　166

7.2　让学员动脑：小组讨论　　174

7.3　让学员动手：演练应用　　181

第 3 步
会　演
授课表达呈现

第 8 章　峰终模型：让收结耐人寻味　188
8.1　有回顾：巩固复习　190
8.2　有回味：总结升华　197

第 9 章　六法模型：让表达有模有样　206
9.1　胆法：轻松自信表达　208
9.2　眼法：眼神全面交流　214
9.3　手法：手势灵活运用　218
9.4　站法：成功第一站　222
9.5　步法：身动制造生动　224
9.6　声法：声音气场修习　226

第 10 章　三元模型：让掌控有张有弛　233
10.1　天时：时间把控　234
10.2　地利：场域营造　238
10.3　人和：控场互动　243

后记　小胡子再说　254

参考文献　257

第1步

能 编

课程内容开发

出发,是最好的开始。

想走上讲台,成为讲师,第一步是要学会编,开发你的精品课程。这是培训师的底层硬核能力,**讲"好课"**才能讲好课。

那么,什么才算一门好课,标准是什么呢?每次我在课堂上提出这个问题时,大家都众说纷纭,但回答一般会集中于:有用、有针对性、有干货、有趣味、有互动等。在辅导各企业培训师开发近3000门课程后,我得出一个参考答案:

好课程标准 = 听得懂 + 愿意听 + 记得住 + 能管用。

我们仔细思考一下:做到了这12个字,是不是就是一门学员喜欢、企业认同的好课程?是的。那么,如何才能开发出符合这个标准的好课程呢?

在第1步中,我们将结合培训课程内容开发的关键要素,分4章,按照4个步骤,分享4个模型,开启好课开发打磨之旅:

第1章 靶盘模型:让课程定位精准

第2章 四化模型:让结构条理清晰

第3章 萃取模型:让内容干货满满

第4章 美化模型:让课件制作美观

01 靶盘模型
第1章　让课程定位精准

知人者智，自知者明。

——老子《道德经》

开发课程之初，如果不知如何选题、如何定位，多读几遍两千多年前老子这个金句，相信你能得到启发：**了解别人是一种智慧，了解自己是一种明智。**

要想做到定位精准，不仅要掂量自己的能力，更要了解培训对象，做好培训前期分析工作。

那么，如何做到科学分析呢？这一章我们将通过一个形象化的工具：靶盘模型，来完成这一首要任务。如图1-1所示，这个模型包含了五个关键步骤：定方向、定对象、定需求、定目标，最后定课题。只有做好五定，才能找准定位。

图1-1　靶盘模型

1.1 定方向
计划讲什么课

新手讲师在开发课程时，首先会有一个困惑：不知道自己要讲什么课程。面对众多选择，无从下手，"拔剑四顾心茫然"。

1. 作为企业内训师，你要开发什么课程

成为企业内训师后，有的企业会根据业务需要，指定你开发相关课程。而当企业没有要求，你需要自己选课题时，常见误区是根据个人喜好开发。比如，我见过有内训师计划开发"如何打好羽毛球"相关课程，这样的话题可以在组织活动时分享，但不宜作为培训课题。

那么，内训师要如何选择课题呢？简言之，内训师自选课题的标准如下：**内训师自选课题 = 业务需求 + 个人擅长 + 学员规模 + 需求紧急程度 + 培训频率 + 内容价值**。下面我们具体分析每一个维度。

（1）结合业务需求

企业内部培训，要以业务为主导，为企业发展服务。美国宾夕法尼亚州立大学教授威廉·J.罗思韦尔在《CEO 期望的公司培训》一书中指出："培训要从业务出发，员工所学要转化为商业结果。"可见，业务需求是企业内部培训最高层次需求。

（2）结合个人擅长

除业务需求外，也要紧密结合自己所长。干什么吆喝什么，有实践体验、实操经验，你才有内容讲，也才有资格讲。

（3）考虑学员规模

各业务对口的人员规模不一样，开发课程要考虑有多少人能来听你的

课，如果受众学员太少，甚至没有，那课程开发价值肯定不大。

我在一家银行培训时，人资部一位内训师开发了一门"培训计划的制订与管理"课程。辅导时我问他："这个课程你计划给谁讲呢？"他这才醒悟过来，他们单位负责培训计划的只有他自己，根本没人需要听这门课。

（4）考虑需求紧急程度

如果有几个课题可以选择，那么要结合学员需求的紧急程度，优先开发最急需的课程。

一位渠道经理计划开发"谈判筹码"课程，培训对象是渠道部新员工。但通过需求分析发现，新员工目前首要痛点是找不到经销商，那么应该先教新员工如何寻找经销商，再教谈判筹码、谈判技巧等。

（5）考虑培训频率

内训课程的培训频率，跟企业规模、学员人数、岗位流动性相关，有的课程可能只用讲一次，而有的课程可能要在不同时机，对不同对象重复讲授。自选课题的话，当然优先考虑培训次数多（即培训频率高）的课，这样，上台锻炼的机会也比较多。

（6）考虑内容价值

课程内容一般分为信息传递、任务达成和问题解决。信息传递，主要包括专业知识、产品知识、技术功能、规章制度等，比如新产品介绍；任务达成，主要是完成岗位任务的步骤、技巧，比如大客户开发；问题解决，主要是疑难问题的处理方法，比如客户投诉处理。

按内容价值高低排序：问题解决＞任务达成＞信息传递。

自选课题，建议讲授有关任务达成、问题解决的课程，因为这些内容需要你萃取岗位经验，更有开发和传播的价值。尤其是参加认证和讲师比赛，选择价值高的知识点讲授，更有深度和独创性。

总的来说，课程选题是情境化工作。如果企业指定你开发哪门课程，肯定服从安排，"我是革命一块砖，哪里需要往哪搬"。如果自选课题，如图1-2所示，你可以从六个维度综合考虑比较，优选最合适（评估总分最高）的课题。

培训课题	六项评估（每项1～5分）						评估总分	优先开发
	业务需求	个人擅长	学员规模	需求紧急程度	培训频率	内容价值		
课题1	5	4	5	5	4	4	27	√
课题2	4	4	5	3	3	3	22	

图1-2 内训师自选课题六度评估

还有一种情况，有些人不是内训师，或者是企业后台部门的，没有课可以讲，但是又想通过课程开发，锻炼自己的总结和表达能力，那么选什么课题呢？

再给你一个简单公式：**自己喜欢和擅长的＋对别人有帮助的**。在你喜欢和擅长的前提下，选择一些有关个人能力提升的通用课程，比如有效沟通、时间管理、目标管理、健康管理、高效阅读、个人理财等。这样的课程，即使没机会在企业内部讲，你也可以通过录制线上课程，跟更多人分享。

2. 如果转型成为职业讲师，你要开发什么课程

如果你特别热爱讲台、喜欢分享，想转型成为职业讲师，为其他企事业单位进行培训，那么你该怎么定位，选择开发哪一类课程呢？

先说个案例。有一位讲师找我咨询，他计划开发"幸福人生"课程，面向企业去培训。我问他，为什么想开发这个课程，他说这是他自己特别喜欢讲的。我再了解到他个人情况：28岁，未婚，没有心理学方面的专业学习经历。对于这位培训师的课程方向定位，你认为合适吗？

这个课题是他感兴趣的，但是看他个人的生活学习经历，并没有足够的信服力。而且，这样的课程不是市场刚需，很少会有企业外请讲师给员工讲授幸福人生课程。既没有资格讲，又没有市场需求，这个课题显然不

合适。

那么，职业讲师如何找准自己的定位呢？你可以按照以下公式，从三个维度进行权衡：**职业讲师课程定位＝个人定位＋市场定位＋产品定位**。

（1）个人定位

- 有足够资格

培训机构向企业推荐讲师讲授某一门课程时，企业培训负责人一般会从两个维度来考量讲师有没有资格。

第一个维度，是否有经验。有些课程，需要看讲师是否有相关背景经验。比如讲授领导力课程，企业会看讲师是否担任过企业高管，是否有过团队管理经验。

第二个维度，是否有资历。有些课程，需要看讲师是否有过专业学习研究经历，是否有相关资格证书。比如讲人力资源管理课程，会看讲师是否有国家人力资源管理师等级职业资格证书；讲版权课程，会看讲师是否有课程认证证书。

我有一位朋友曾在企业担任副总，他自己通过学习获得美国 4D 领导力认证、DISC 性格分析认证，再结合多年工作经验，开发了"基于 DISC 的高效沟通""基于 DISC 的客户管理""基于 DISC 的赋能型团队建设""正向激励的情绪管理""教练式团队辅导"等系列课程，成功转型为职业讲师。

- 有足够兴趣

职业讲师开发的课程，会在很长时间内重复讲授，所以你对该课程一定要有足够的兴趣，不然很难投入，更不会持续打磨。在讲授一段时间后，有些职业讲师会很快进入倦怠期。为什么市场上有些讲师"昙花一现"，短短几年就悄无声息了，原因就在这里。

我讲授 TTT 课程十年来，依然充满热情和激情，只因为我对这门课程爱得深沉。我认为 TTT 培训能影响更多培训师，而他们又能影响更多学员。

教育的本质是人点亮人，好的课程是可以影响、改变学员的。选择的课程内容对学员帮助越大、价值越大，你的成就感就越高，内在驱动力就越强。

在《什么是教育》一书中，德国哲学家雅斯贝尔斯提到：**"教育的本质意味着，一棵树摇动另一棵树，一朵云推动另一朵云，一个灵魂唤醒另一个灵魂。"** 我特别喜欢这句话，只有当你找到培训对学员的真正价值和意义后，才会真心地喜欢培训、喜欢你的课程，并一直坚定地热爱着。

好的课程，需要真心灌溉。如果爱，请深爱；如不能，请离开。

（2）市场定位

● 刚性需求

辛苦开发出来的课程，当然也要有足够的市场刚需，不然空有一身本领却无用武之地，也是枉然。多家培训机构以及讲师经纪公司的统计数据显示，目前市场上需求量比较大的培训课程有：

> 领导力、MTP管理技能提升、银行开门红培训、TTT内训师培训、执行力提升、团队建设与管理、班组长管理技能提升、问题分析与解决、目标与计划管理、客户服务提升、压力与情绪管理、公文写作、项目管理、销售技巧提升、管理者角色认知与管理、商务演讲与表达、创新思维、时间管理、商务谈判、商务礼仪、思维导图、安全生产管理、PPT制作技巧、绩效管理、金牌店长、高效沟通、非人力资源的人力资源管理、职业素养、客户投诉处理等。

计划转型从事职业培训的讲师，可以在自己有兴趣讲的、有资格讲的、有市场刚需的领域，挑选合适的课程，进行深入开发。

● 聚焦领域

职业讲师刚起步时，可以多讲几门课，但经过几年沉淀后，需要逐步聚焦于某一领域，不能什么课都接。我看过一位老师的自我介绍，上面列了他能讲的40门课。人的精力毕竟有限，一般来说，什么都能讲，说明什么都讲不好。现在各企业选择讲师，也越来越慎重。有一位企业人资老总跟我聊到，他们单位选外聘讲师，先看简介，如果讲师主讲课程中不相关的超过3门，他们就不会选择。

因为，只有专注，你才能更专业。

职业讲师刚起步的1～3年可以先做加法，之后必须逐步取舍做减法，才能形成你的品牌标签。曾经有讲师咨询我："我讲过好几门课，不知应该优先深度开发哪个课题。"我的建议是：最终想拥有什么样的标签，就在哪一个领域深耕发力。2004年年底我走进教育培训行业，前6年做体验式培训，也讲团队建设、高效沟通等课程，到2011年讲授TTT课程后开始聚焦。即使我的沟通课学员满意度评估高达99.8%，也依然忍痛割爱。十年磨一剑，在培训江湖上这才有了小胡子TTT的标签。

先广后精，先博后专，专注深耕，精准卡位。

（3）产品定位

- 独特性

一流的内容是课程的灵魂。培训市场上同质化的课程非常多，即使是同样的课题，你也要有独到的见解和经验、方法的萃取，只有这样，你才能在红海立足。

- 延展性

最后一项，职业讲师要考虑一下课题的容量，即课题是否有延展性：它只是1～2天的单一课程，还是可以开发出阶段性的系列课程。我刚讲授TTT时是1～2天的课程，后来内容扩充为5天，现在延展为三阶段6～9天的辅导坊。课题容量大，能延展的，自然是你的首选课题。

总的来说，如图1-3"三叶草"模型所示，结合三大定位六个维度，中间相交叉的部分，就是职业讲师最合适的课程定位。

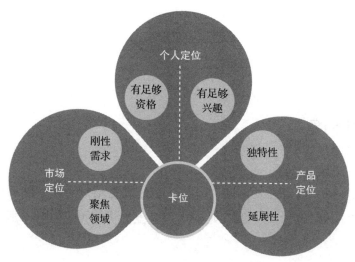

图 1-3 职业讲师课程定位"三叶草"模型

小胡子画重点

1. 内训师自选课题 = 业务需求 + 个人擅长 + 学员规模 + 需求紧急程度 + 培训频率 + 内容价值。
2. 职业讲师课程定位 = 个人定位（有足够资格、有足够兴趣）+ 市场定位（刚性需求、聚焦领域）+ 产品定位（独特性、延展性）。
3. 只有专注，你才能更专业。先广后精，先博后专，专注深耕，精准卡位。

1.2 定对象
要跟什么人讲

选准赛道、确定开发方向后,第二步是锁定培训对象,然后围绕对象开发内容。1942 年,毛主席在延安干部会上的讲演《反对党八股》中,特别指出:

"共产党员如果真想做宣传,就要看对象,就要想一想自己的文章、演说、谈话、写字是给什么人看、给什么人听的,否则就等于下决心不要人看,不要人听。"

"做宣传工作的人,对于自己的宣传对象没有调查,没有研究,没有分析,乱讲一顿,是万万不行的。"

开发课程同样必须想一想,你的课程是给什么人听的,否则就等于下决心不要人听。因为好的课程,要有针对性。**内容与学员无关,培训自然无效**。有一种失败,叫不战而败。如果你讲的内容,根本不是培训对象想听的、需要听的,那么培训还没开始,就已经失败了。

那么,如何锁定培训对象,做到有的放矢呢?新手讲师要注意四个区分:**区分对象不同职级 + 区分对象不同职能 + 区分内部外部对象 + 区分对象接受程度**。

1. 区分对象不同职级

首先要明确培训对象是管理层还是执行层人员,在这个方面,企业内训师容易混淆。给大家举一个例子:

"如何做好铁路劳动安全"

1. 加强人员培训　2. 推行作业标准　3. 强化检查考核

这是某铁路局负责安全培训的内训师计划讲的内容，培训对象是新员工，但是细加推敲，我们会发现"加强人员培训、推行作业标准、强化检查考核"这些工作明显都是领导做的，根本不是新员工能够做到和需要去做的。

还有一种情况，如果职业讲师去某企业授课，参训的既有领导又有员工，那么课程内容应该主要针对谁呢？这个问题可以结合两个维度考虑：一是课程主题主要是针对什么层级人员的；二是哪个层级的参训人员占比更高。

2. 区分对象不同职能

除了培训对象职级容易混淆之外，内训师在开发课程时，还容易混淆培训对象的职能，将不同对象需要做的事混在一起。举个例子：

"工程、设计人员如何做好成本控制"

1. 结构性成本严控　2. 敏感性成本有效投放　3. 功能性成本合理投放
4. 目标成本责任制　5. 动态跟踪监管

这是一家房地产公司成本部内训师开发的课程，培训对象是工程、设计人员。但是，前三项工作是工程、设计人员真正需要做的，而后两项工作是这位内训师自己要做的，这就混淆了培训对象的岗位职能。

如果培训对象涉及多个部门、多个岗位，那么各部门、各岗位需要了解什么和做到什么，可以分门别类、分别论述。

3. 区分内部外部对象

企业内训师做产品类培训时，培训对象还会有内外之分。比如有的快消品企业做产品培训，会有三个不同的受众群体：一是企业专柜导购，二是经销商，三是终端用户（在推广活动中针对终端用户进行宣讲）。

培训对象不同，课程的侧重点就要不同，内容的难易程度也要不同。

4. 区分对象接受程度

最后一点，要考虑培训对象的接受程度。早在两千多年前，孔子便提出："**中人以上，可以语上也；中人以下，不可以语上也。**"这是什么意思呢？简单解释就是：对于中等才智以上的人，你可以同他讲高深的道理；而对于中等才智以下的人，则不可以同他讲高深的道理。

在这里，孔子不是看不起中等才智以下的人，而是强调在表达交流时，只有充分考虑受众的接受程度，才能更好地传达信息，让更多学员听得明白。我见过不少讲师都出现过这样的问题，他们在课程开发时搜罗了一大堆自认为很专业的内容，但完全没有考虑学员的接受程度。

在做到以上四个区分后，我们在实施中就要做到"四不讲"：

学员不需做的，不要讲；学员做不到的，不要讲；
学员用不上的，不要讲；学员听不懂的，不要讲。

最后再强调一下：咬定目标不放松，立根必在学员中。聚焦对象需坚劲，任尔东西南北风。

小胡子画重点

1. 有一种失败，叫不战而败。如果你讲的内容，根本不是培训对象想听的、需要听的，那么培训还没开始，就已经失败了。
2. 做到对象四区分 + 内容四不讲，你才能锁定对象，立根于学员中。

1.3 定需求
要解决什么问题

锁定培训对象的下一步是需求分析，这是让培训具有针对性的重要环节。要做好需求分析，有三个关键步骤：搜集需求、分析需求、聚焦需求。

1. 步骤一：搜集需求

（1）搜集谁的需求

对于这个问题，你可能会想，肯定是搜集学员的需求呀。回答得没错，不过只答对了一半。培训的需求包括两个方面：组织者需求和学员需求。所以不仅要关注学员有什么需求，还要关注组织者、领导的需求。尤其是职业讲师，要想培训让组织者和学员都满意，就要做好同步调研，综合两者需求。

（2）如何搜集需求

根据内训师和职业讲师的日常运用情况，我简单归纳了一下搜集需求的方法，供大家参考。

① **内训师常用需求搜集法**

日常观察法：内训师一般都是兼职，平时本职工作多，授课前没有时间、精力去做调研，那么可以通过观察日常工作中的场景，了解现状与问题。

对象访谈法：如果开发的课题由企业指定，但并非你熟悉的业务场景，那么你需要找有代表性的培训对象进行访谈；如果是培训部门集中组织开发课题，那么你可以召集培训对象代表开展座谈会，根据他们反馈的需求来开发课程。

② **职业讲师常用需求搜集法**

电话沟通法：职业讲师上课前，培训机构一般会转告给他企业需求，但多层级的沟通会有漏斗，所以讲师最好能在课程设计前与企业培训负责人电话沟通，详细了解组织需求和学员情况。

问卷调研法：根据组织者和参与者，分别设计调研表，如培训负责人问卷调研表、参训学员问卷调研表。

培训负责人问卷调研表的调研要素包括：企业情况（名称、网址、产品、人员规模）、参训人员情况（参训人数、性别构成、年龄构成、岗位类别、学历构成）、培训要求（企业对此次培训的要求或期望）。

参训学员问卷调研表的调研要素包括：个人基本情况（背景）、对培训主题的了解程度（认知）、对本次培训最感兴趣的内容和最想解决的问题（需求）。

资料分析法：对于管理类培训，你可以收集企业发展、组织目标、员工管理等文件资料；对于营销类培训，你可以收集营销计划、业绩报表等资料；对于服务类培训，你可以收集服务流程、客户投诉等资料；对于公文写作培训，你可以收集学员撰写的公文；对于PPT制作培训，你可以收集学员制作的PPT。通过收集、分析资料，一方面，你能了解问题所在；另一方面，你也可以将资料作为最贴切的案例，让培训更具针对性。这是我做TTT培训时，每次都会用到的调研方法——开课前搜集几份资料，分析其中存在的问题，然后有针对性地开展培训。

入场调研法：如果上面几种调研方法，由于种种原因没法实施，最后一招还可以弥补，那就是等学员到培训会场后，现场进行调研。可能你会想，这来得及吗？职业讲师每次培训，一般会有一两天利用现场进行调研，还可以利用休息时间对课程进行调整。

那么，入场调研怎么做更高效呢？我给你一个实用工具：问题筐。

第一步，道具准备。讲台上摆一个塑料筐（筐一侧贴上卡纸，写上"问题筐"），在每个小组桌上放一本大号彩色便利贴（或者每人入场签到时，领一张便利贴）。

第二步，调研实施。课件 PPT 第一页写上："欢迎带着问题而来，希望大家带着答案而归。为了让本次培训更有针对性，请在便利贴上写下通过本次培训您最想解决的三个问题，然后放到问题筐中。感谢您的参与！"学员进入教室，自然会看到屏幕上的提示，同时你可以在现场再次强调，引导学员完成调研。

第三步，活动变通。如果没有塑料筐，可以将这个步骤放在开课后，用小组讨论方式完成，请组长搜集每个人的问题，再归纳统一写在 A4 纸上提交。

第四步，问题调用。利用休息时间翻阅整理学员提交的问题。这样，在讲授某知识点时，你可以提及有学员正好有此困惑，让内容与学员需求相匹配。

以上日常观察法、对象访谈法、电话沟通法、问卷调研法、资料分析法、入场调研法这六种方法可以综合运用。曾经有讲师在我的公众号留言咨询："如何在课前了解 80% 以上学员的诉求？如何让讲的知识，使 90% 的学员都感到有用，迫不及待想听？"这就需要综合运用以上需求调研方法，充分了解学员的真实诉求，这样才能实现培训需求和课程内容的深度联结，让更多学员感觉有用、想听。

2. 步骤二：分析需求

搜集到培训需求后，接下来要对需求进行整理和分析了，有两种情况。

（1）基于胜任能力分析

新员工培训、岗前培训、新产品培训等课题，主要基于胜任能力进行分析。你可以站在培训对象角度，琢磨他们最需要知道什么、最想了解什么以及最需要掌握哪些知识以更好地胜任岗位工作。

（2）基于问题分析

大部分培训是基于问题、差距的培训，所谓缺什么补什么。**培训的终点是问题解决，培训的起点必须是问题分析**。如何做好问题分析，有以下三个关键动作。

动作一：罗列问题。将搜集到的学员痛点、困惑点进行罗列、归纳。

动作二：界定问题。先界定问题，才能更好地解决问题。界定问题，主要看此问题是否可以通过培训解决。培训并不能包治百病，也不是万能钥匙，培训能解决的称为"培训影响域"。很难通过培训解决的，如制度、体制、环境等非人力因素导致的问题，称为"非培训影响域"。比如，有银行业内训师计划开发"提升柜面服务"课题，需求痛点之一是人手不够导致服务效率不高，这个问题就是不能通过培训解决的，那也就没必要将其作为培训课题。

动作三：整理问题。将能够通过培训解决的问题，按照轻重缓急进行排列。

3. 步骤三：聚焦需求

通过需求分析，整理出培训能解决的问题后，接下来要考虑培训时长。结合时长，聚焦需求，确定本次培训可以解决多少需求问题。

企业培训不同于学校教育，时间很有限。内训师授课，一般在30分钟到3小时之间；职业讲师授课，短的半天，长的也就几天。而成人学习有一个重要特点——短时间内接收的信息量有限。一堂课知识点太多，学员根本吸收不了、消化不了，这一点是很多讲师容易忽视的。

举个例子，我曾经见过一位内训师讲授"安全培训"课程，计划培训课时一小时，他的课程内容如图1-4所示。

大家想想，如果我们是听课学员，看到这样的内容安排，会有什么感觉。肯定发蒙呀，信息量太大了。好比吃美食，再好吃，也不能暴食。

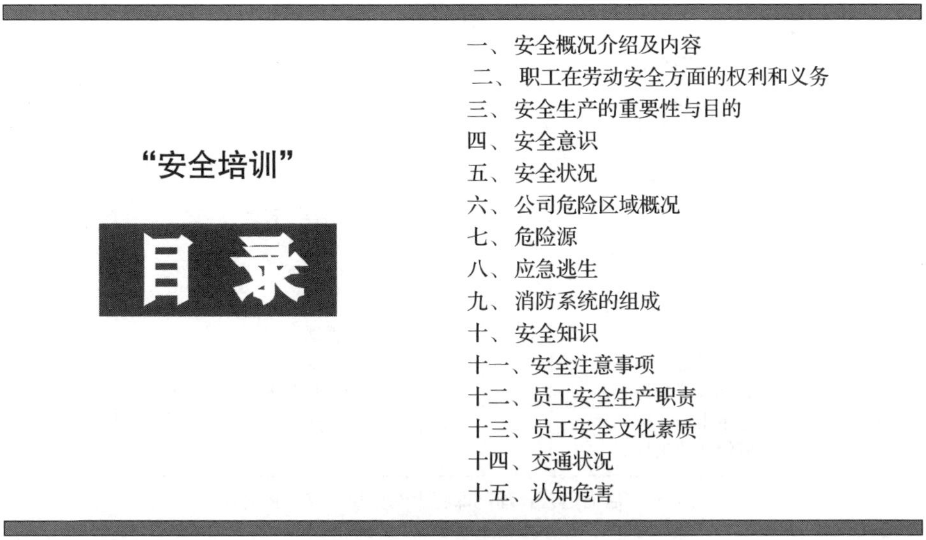

"安全培训"目录

一、安全概况介绍及内容
二、职工在劳动安全方面的权利和义务
三、安全生产的重要性与目的
四、安全意识
五、安全状况
六、公司危险区域概况
七、危险源
八、应急逃生
九、消防系统的组成
十、安全知识
十一、安全注意事项
十二、员工安全生产职责
十三、员工安全文化素质
十四、交通状况
十五、认知危害

图1-4 "安全培训"课程

《传习录》中指明了明代哲学家、思想家、教育家王阳明的思想：

"凡授书不在徒多，但贵精熟。量其资禀，能二百字者，止可授一百字。常使精神力量有余，则无厌苦之患，而有自得之美。"

我第一次读到这段话时，感觉挺震惊的。作为明代最著名的"培训师"，王阳明早在500多年前，便洞悉了成人学习的特点。但是直到1988年，澳大利亚认知心理学家约翰·斯威勒才提出类似观点，将其总结为认知负荷理论，成为教育心理学领域和教学设计领域非常重要的理论之一。

有了前贤和专家的研究理论作为依据，我们正确的做法应该是：一方面根据课程的信息含量，确定需要多少培训时长；另一方面，依据指定的培训时长对内容进行取舍。如果课题比较大，可以分模块开发为系列课程；也可以根据需求的重要紧急程度，先开发学员最急需的。

举个例子，一位内训师原计划开发"店面运营管理"课程（见图1-5左图），但发现内容太多了，于是根据学员最急迫的需求，将课题重新聚焦，形成了图1-5右图的课程。

原稿	修改稿
"店面运营管理" 一、人员管理 　1. 店长自我管理 　2. 店员管理 二、店面管理 　1. 店面环境管理 　2. 店面氛围营造 三、货品管理 　1. 货品"进销存"管理 　2. 货品陈列管理 四、营销管理 　1. 目标客群分析 　2. 竞争市场分析 　3. 营销活动策划	"店面运营管理之货品管理" 一、货品管理的重要性 　1. 增加收益 　2. 减少损失 　3. 降低库存 二、货品"进销存"管理 　1. "进"货三流程 　2. "销"货三步骤 　3. "存"货 三、货品陈列管理 　1. 货品陈列要求 　2. 货品陈列道具要求：三"把握" 　3. 货品陈列方法

图 1-5 "店面运营管理"课程大纲原稿与修改稿对比

当然，还有一种情况是职业讲师有可能遇到的：企业计划培训时间短，但希望讲师讲的内容多。如果对接的企业负责人不懂培训，沟通无效怎么办呢？那我们只有一招——照顾组织需求，全面顾及；结合学员需求，重点突出。真正的高手，不是在台上念了多少页 PPT，而是在有限的时间内，把学员最需要掌握的知识点，讲精讲透讲明白！依据课时，聚焦内容，请记住一个原则：**面面俱到，一面不到；泛泛而谈，等于白谈；小即是大，少即是多。**

小胡子画重点

1. 搜集需求，既要关注学员需求，也要关注组织者需求。
2. 搜集需求常用方法：日常观察法、对象访谈法、电话沟通法、问卷调研法、资料分析法、入场调研法。重点课题调研，建议组合运用。
3. 培训的终点是问题解决，培训的起点必须是问题分析。但能够解决多少问题，讲多少内容，要结合培训时长，既要让学员吃饱，又不能撑坏。

1.4 定目标
要达到什么教学目标

锁定课程方向、对象和需求后,接下来需要确定培训目标。但是目前大部分培训师在课程开发中,都缺乏教学目标意识。

在给各行业做 TTT 培训时,我发现电力行业在课程开发中,关于教学目标的确定是最规范的。在"电力行业企业培训师培训教材"中,明确规定:"培训教学目标应在培训教学开始时呈现,在培训过程中不断予以强调,培训教学各环节的活动都必须围绕培训目标进行。"对照这个要求,我们需要端正对培训目标的认识,掌握培训目标确定的正确方式。

1. 培训目标的价值

培训目标作为课题开发的起点和依据,有三大作用是不容忽视的。

首先,培训目标有任务导向作用。它可以让我们明确这堂课要解决哪些问题,从而围绕目标决定课程内容取舍;也可以让学员清楚他们要学习哪些内容、完成哪些任务。

其次,培训目标有牵引教学作用。它可以让我们以终为始,围绕目标开展教学。

最后,培训目标还有评估依据作用。有效的教学目标能指向学员的学习结果,使培训成果的评估有基准和标尺,可以更好地检验培训效果。

总之,**培训目标的核心价值,是让学习更有效。**

2. 培训目标的分类

1956年，美国当代著名心理学家、教育家本杰明·布鲁姆提出了教育目标分类体系，将教育目标分为三大领域：认知领域、动作技能领域和情感领域，也就是常说的知识、技能和态度。

由于态度好坏受认知、动机和环境等多种因素影响，通过一堂培训课程难以衡量并解决态度问题，所以培训目标关注的一般是知识和技能。

3. 培训目标的确定

培训知识目标和技能目标的确定，需要遵循什么原则呢？

1981年，乔治·多伦在《管理评论》上发表的文章中提出并阐述了目标确定的SMART原则。现在最常用的定义是：具体的（Specific）、可衡量的（Measurable）、可达到的（Attainable）、有相关性的（Relevant）、有时间期限的（Time-bound）。

SMART原则被广泛运用于各种目标的确定上，对照此原则，我们会发现，在培训目标的确定中，最容易被忽视的是培训目标的具体性和可衡量性。为什么这样说呢？我们来看，平时最常见的培训目标是不是这样的，"通过本次培训，让学员能够了解什么、理解什么、掌握什么"？看似没毛病，但关键问题在于"了解、理解、掌握"没办法验证呀！你怎么知道学员了解、理解、掌握了呢？

没法衡量和验证的教学目标，等于没有目标。

那么什么样的目标，是可以衡量和验证的呢？这里需要引进一个专业名词：表现性目标。感觉有点难懂是吧？我解释一下，所谓表现性目标，就是学员在培训结束后，能够用言行表现出来的看得到的目标。

设计表现性目标的关键一步，是用具有可操作性的行为动词来描述目标。如表1-1所示，就是将"了解、理解、掌握"等抽象词，翻译为"简述""区分""计算"等具体的行为动词。

表 1-1 培训目标常用行为动词

目标维度	常用行为动词
知识目标	简述、阐述、描述、识别、判断、区分
技能目标	运用、操作、计算、确定、制作、开发、调试

知道用哪些行为动词后，表现性目标的撰写就变得非常简单了，请记住这个公式：**培训目标＝行为动词＋概念（技能）**。按照目标分类，还可以细分为：知识目标＝行为动词＋概念；技能目标＝行为动词＋技能。

参照这个公式，"项目实施方案编制"课程培训目标可以设定为：

知识目标：能正确阐述出项目实施方案的编制原则；

　　　　　能正确描述出项目实施方案的构成要素。

技能目标：能现场编制出一份要素完整的项目实施方案。

4. 培训目标的评估

我们要如何评估培训目标呢？可以向电力行业学习。中电联全国电力行业青年培训师教学技能竞赛中，"教学设计"满分100分，其中"教学目标"就占了8分：

教学目标描述规范、准确：1～2分；

教学目标与培训对象、课时、素材内容匹配：1～3分；

知识目标能服务技能目标，技能目标突出解决关键问题：1～3分。

通过这个评分细则，我们发现，好的目标要符合以上三个要求。尤其是第三条**"知识目标能服务技能目标，技能目标突出解决关键问题"**，说明教学目标的确定，不是空谈，而是为了解决问题。如果企业要对开发的课程进行评审，建议学习电力行业的做法，将"目标确定"纳入评估项目。

小胡子画重点

1. 培训目标看似只有三两句话,但有效确定,对课程开发有着重要作用。
2. 有效的培训目标应该是表现性目标——可衡量且指向学员的学习结果。
3. 以终为始,想让学员发生什么样的改变,就确定什么样的教学目标。

1.5 定课题
点亮培训课程

定好课程方向、对象、需求、目标后，培训课题就可以确定了，定题取名，名正言顺。"秧好一半谷，题好一半文"，标题是"文眼"，好的标题能使文章光彩照人，好的课程标题也能使课程锦上添花。

1. 课程命名的要求

（1）准确

好的课程标题，首先要表述准确，让学员一看就明白。我曾见过有内训师计划开发的课程叫"不惑"，然而看到这个标题，我就"惑"了。后来才知道他想针对新员工进行培训，解决其困惑，让他们不惑。但标题太含蓄，学员看不懂呀！

（2）简洁

课程标题要精练简洁，不能用长句，也不用添加其他谦虚的用词。比如"浅谈当前物流平台，思考我们的方向"，这个课题太长了，另外不宜用"浅谈"，否则学员可能会问："老师，什么时候再深谈一下呢？"

（3）全面

课程标题要全面概括课程内容，常见问题是以偏概全。比如"5S管理的重要性"，重要性只是一部分内容，不足以概括整个课程。

（4）新意

这一点是给职业讲师提的要求，同质化的课程太多，要让你的课程独树一帜，首先你的课程标题就得不一样。千篇一律中，唯有你不同，这也是以后申请版权课程的关键。

2. 课程命名的方式

（1）以课程主题命名

例如，"公文写作""安全生产培训""电气基础知识培训""如何开好班前会"和"半成品管理培训"等。

（2）对象+主题组合式

例如，"新员工入职培训""非财务人员财务知识培训"和"领导干部个人事项报告填报指南"等。

（3）对象（主题）+收益组合式

例如，"高效能人士的七个习惯"和"领导者魅力表达九项修炼"等。

3. 课题亮化的方法

专业课程一般比较枯燥，如何通过课题设计让学员眼前一亮呢？秘诀就是巧起标题，让课题形象化、生动化。

那么，具体要怎么做呢？教你三招小技巧。

（1）提炼内容要点作为标题

例如"防微杜渐：企业用工风险防范""克勤克俭：输煤系统节能降耗精细化管理"和"谁动了我的客户：客户维护与管理"。

（2）化用成语俗语作为标题

例如"晓财大用：非财务人员财务知识培训""有质者，事竟成：质量管理方法""E师益友：Excel让效率飞起来""贷你入门：贷款业务培训"和"薪心相印：员工薪酬制度培训"。

（3）巧借姓氏定制标题

例如一位内训师姓蔡，她计划给新员工做入职培训，于是她将标题设计为："菜鸟先飞：新员工入职培训"。

课题的亮化，属于重要但不紧急之事，如果暂时没有想出特别合适、出彩的，也不要紧，可以在课程优化过程中再慢慢推敲。

小胡子画重点

1. 课程标题的设计，首先要让学员看得明白，这是前提。
2. 职业讲师的课程标题要有新意、独树一帜，这样才能形成你的版权课程。
3. 好课题值得拥有，巧起标题点亮课题，让你的课程一"名"惊人！

·本章小结·

小胡子敲黑板

2021年7月24日，在东京奥运会射击女子10米气步枪决赛中，中国选手杨倩夺冠，赢得东京奥运会首枚金牌。当天，百家号上发了一篇文章《10米气步枪的靶有多小？中国选手，牛！》。我看到推文配图，才知道10米气步枪的靶，竟然只有一元硬币大小，可见难度之大。

在赛场上，射击打靶是一项专业技能；在培训中，精准定位是一项关键技能。

这一章我们解决的问题，是如何选定课题。其选择的过程，也就是一步步锁定目标、精准定位的过程。我将其中需要运用的工具称为靶盘模型。其核心步骤是五定，关键技巧是五个公式：

定方向：找准方向 = 擅长的 + 需要的；

定对象：锁定对象 = 四区分 + 四不讲；

定需求：需求分析 = 搜集 + 分析 + 聚焦；

定目标：培训目标 = 表现性行为动词 + 概念（技能）；

定课题：课题亮化 = 巧起标题。

本章的学习任务是运用以上方法，确定课题，制定目标，亮化课题。如果任务没完成，可以先按暂停键，等找准目标后，再继续前行。

界定好方向再出发，忌盲目奔跑。

四化模型

让结构条理清晰

第 2 章

> 举一纲而万目张,解一卷而众篇明。
> ——(东汉)郑玄《诗谱序》

"提纲"原意指提起渔网的总绳。郑玄这句话的意思是:提起总绳一撒,网眼就全部张开了;解释清楚一卷的内容,其余篇目的意思就都清楚了。写文章、做课件,纲举目张、结构清晰都是让别人看得明白、听得明白的关键。

在信息传播中,有结构的信息更容易被理解、记忆、传播。这个"结构优先效应"不管对开发课程,还是对日常总结汇报,都非常重要。

因此,我们选定课题后,动手开发课程的第一步,不是打开电脑做PPT,而是先搭结构、列大纲。

那么,如何才能搭好课程结构呢?这一章给到大家的工具是"四化模型"(见图2-1),通过四个关键招式:归纳简单化、逻辑结构化、条理通畅化、语言精练化,构建条理清晰的课程纲要目录。

图2-1 四化模型

2.1 归纳简单化
让目录简洁直观

想要列好课程目录，让它真正起到提纲挈领、指引学习的重要作用，我们首先需要注意什么、做到什么呢？

先给大家看一个案例，如图 2-2 所示，这是一位大数据专家写的"大数据背景下的智慧城市"课程目录。

大数据背景下的智慧城市

1. 智慧城市：概念、政策、总体应用
2. 城镇化发展存在的问题
3. 新型城镇化是国家发展战略
4. 智慧城市是新型城镇化重要抓手
5. 智慧城市定位
6. 国家政策文件
7. 政府工作报告：智慧城市建设
8. 智慧城市试点工作顶层设计
9. 落实精神，政策指引
10. 国家智慧城市（区、镇）试点指标体系
11. 试点总体工作思路
12. 国家智慧城市试点
13. 智慧城市试点建设进展

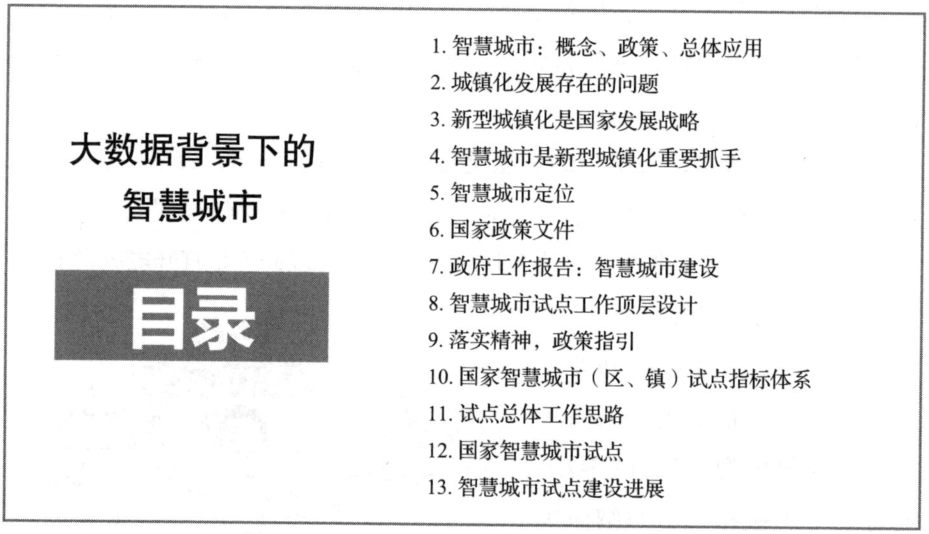

图 2-2 "大数据背景下的智慧城市"课程目录

看到这样的课程目录，相信学员都会发蒙。这个目录问题在哪呢？一是没有对目录进行分级，层次不分明；二是直接将知识点简单罗列上去，没有归纳。学员需要自己去厘清结构关系，才能让大脑便于理解。而我们

大脑的天性偏偏都是懒惰的，能不工作则尽量不工作；非要用它，它则会轻易放弃。

那么，如何减轻学员的认知负荷，让别人一看你的课程目录就清晰明白呢？要做到两个关键动作：学会分级＋学会归纳。

1. 学会分级

课程内容由章、节、点组成，课程目录分为章目录（一级目录）、节目录（二级目录）、点目录（三、四级目录）。一级目录定模块，二级目录定层次，三级目录定要素，四级目录定要点。

30分钟以内的课程，搭好一级目录即可；1～2小时的课程，需要搭二、三级目录；超过半天的课程，重要章节则要展开到四级目录。**桥梁越大，内部结构越重要；同样，课程时间越长，结构分级越多。**

目录分级后，课程层次是不是就很清晰了？根据目录制作课件时，要注意一个原则：**层次清晰有序号，目录规范要统一。**

对于多级目录，有些老师喜欢用1.1.2这样的格式，这是文档分级，课件格式需要简化，可参考图2-3，将序号格式分级统一。如果课程在30分钟以内，只有一级目录，那么序号直接用阿拉伯数字1、2、3即可。

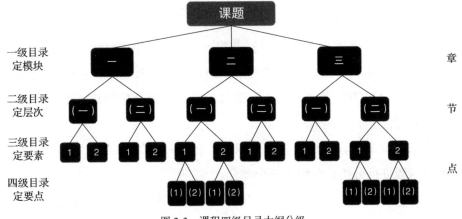

图2-3 课程四级目录大纲分级

2. 学会归纳

人的思维习惯是怎么简单怎么来，机器的思维习惯才是怎么复杂怎么来。而我们授课面对的是人，不是机器。所以我们授课要符合人的思维习惯——越简单，学员越容易接受和理解。

那么，将每一级目录归纳为几部分最合适呢？脑科学研究发现，大脑的中央执行系统有存储限制，之前的研究认为人的工作记忆和注意力一般局限在五到九个事物之间。而最近的实验表明，我们关注事物数量的极限接近四个。所以，最好将每级目录归纳为四部分以内。我建议最好将一级目录归纳为三部分。

大家再回想一下，日常工作中，领导讲话一般讲几点呀？三点！不多不少，讲两点稍显单薄，超过三点则略显冗长。三点其实比五点、六点更有说服力，因为简化了不必要项，合并了同类项，核心要点才显现出来。

其实这是职场中一种非常重要的分类归纳、思维架构能力，不光可以用于搭建课程目录，平时上台发言讲话、撰写总结汇报、竞聘上岗，同样适用。那么，要如何刻意锻炼这种能力呢？教你特别有效的一招：**黄金三点式训练法**。

> 每天挑一件事情总结三个看法，日积月累，养成归纳性思维，成为出口成章、有理性、有系统性、有思维架构的人。

多年前，我感觉自己思维逻辑能力不行，于是按照这个方法写日记，每天挑一件事情，用三点式总结自己的想法。当你按这个方法坚持训练一段时间后，每当需要发言或总结汇报时，很自然地会想到从三个维度总结发表你的看法。

请记住，不管你要讲述多少知识点，在撰写一级目录时，都可以试着将所有问题进行分类，归纳为三个部分。

接下来，给大家举三个案例，看一下课程大纲归纳前后的对比。

案例一:"便民卡产品业务培训"

原课程大纲	修改后课程大纲
1. 产品简介　　2. 申领对象 3. 业务办理　　4. 申办流程 5. 功能特点　　6. 产品优势 7. 注意事项	一、便民卡功能优势 二、便民卡申领办理 三、便民卡使用注意

案例二:"住房贷款及衍生分期业务培训"

原课程大纲	修改后课程大纲
一、购房贷款　　二、装修贷款 三、车位贷款　　四、婚庆贷款 五、教育贷款　　六、日常消费贷款	一、一臂之力:购房贷款 二、两全齐美:装修+车位贷款 三、三口之家:婚庆+教育+日常

案例三:"网络安全培训"

原课程大纲	修改后课程大纲
一、密码安全 二、办公电脑安全 三、上网安全 四、邮件安全 五、无线安全 六、移动介质安全 七、移动办公安全 八、文件安全 九、社会工程学(外部人员安全)	一、守住第一道防线:设备安全 1. 电脑安全 2. 移动介质安全 3. 移动设备安全 二、守住第二道防线:用网安全 1. 上网安全 2. 无线网络安全 3. 密码安全 三、守住第三道防线:人员安全 1. 内部人员安全 2. 外部人员安全

通过以上案例,我们可以发现,就算知识点再多,也可以对其进行高度归纳。

当然，任何方法都需要活学活用。比如，"做好客户营销的四把金钥匙"课程，正好是从四个维度提炼的，那么将一级目录分为四部分也未尝不可。

小胡子画重点

1. 要想减轻学员认知负荷，让学员一看课程目录就清晰明白，要做到两个关键动作：学会分级 + 学会归纳。
2. 人的思维习惯是怎么简单怎么来，要学会用黄金三点对内容进行归纳总结。

2.2 逻辑结构化
让目录结构严谨

设计课程目录，首先要做到归纳简单化，其次要做到逻辑结构化。那么各章节之间什么样的逻辑结构，才能让学员看得更明白呢？

这里我们要牢记一个原则：**按照人的思考线索，而不是知识的树状逻辑来传递观点。**

什么是知识的树状逻辑呢？通俗解释就是，知识点缀满枝头，左挂一个，右悬一个，但相互之间没有清晰的逻辑关系。正确方式是按照听众的思考线索串联观点，用一根线，将所有知识点有顺序、有结构、有节点地串联起来。这种结构模式，我们称为线性结构。

为了便于理解，我举个例子，某银行支行品牌文化建设做得非常好，成为示范单位，支行内训师做了一份 PPT 课件"支行品牌文化示范单位创建"向上级汇报，但领导表示没听明白。后来我建议他们按照听众的思考线索，重新做了调整：

```
原课程大纲
一、小网点大责任
1. 环境上：功能分区、党建
2. 服务上：服务准则、服务项目
二、小业务大格局
服务三农
三、小团队大干劲
1. 团队战斗力
2. 团队凝聚力
```

```
修改后课程大纲
一、优秀团队建设
1. 用党建引领队伍    2. 用文化塑造品牌
3. 用学习培养人才    4. 用制度激励员工
二、硬件环境建设
1. 对内：文化上墙    2. 对外：功能分区
三、软件服务建设
1. 服务项目创新
（1）政府部门合作
```

```
┌─────────────────────┐  ┌─────────────────────────────┐
│ 四、小目标大作为    │  │（2）信贷产品创新（服务三农）│
│ 1. 与政府部门合作   │  │ 2. 服务品质提升             │
│ 2. 承担社会责任     │  │（1）厅堂服务  （2）上门服务 │
│                     │  │（3）社会责任                │
└─────────────────────┘  └─────────────────────────────┘
```

我们注意看，左边目录是树状结构，右边目录是线性结构。经过对比，我们可以明显发现，线性结构更能让别人听得懂。

那么，如何运用线性结构设计大纲目录呢？教你最常用的三种线性结构。

1. WWH 结构

这是主题演讲、培训授课中最常用的经典结构。由 What（是什么）、Why（为什么）、How（怎么做）共三部分组成。

这个结构在实际运用中，有两种组合形式。

第一种组合：Why（为什么）+What（是什么）+How（怎么做）。

如果学员对课题重要性不了解，那么从人的思考线索来说，我们应该先解决学员"为什么"的疑惑。

举个例子，有位家族信托公司内训师，计划在线上讲授"家族信托业务攻略"，对象是各个银行的金融从业人员，希望他们在听课后能成为家族信托顾问。最初的课程大纲是这样设计的：

一、家族信托业务三板斧

二、家族信托业务十攻略

三、案例分析

这个大纲最主要的问题是，直接切入讲授怎么做，但听众首先考虑的是：我为什么要做？有什么好处？怎么加入？所以后来我建议将大纲修改为：

一、成为家族信托顾问三大好处

二、如何成为家族信托顾问

三、开展家族信托业务的攻略

你看，这样讲才是学员想听到的。比如，易中天在百家讲坛开讲"我读经典",第一讲的结构就是这样：

一、为什么要读经典

二、读什么经典

三、我们怎么读

专业技术类培训采用的也是这种隐性结构：原理（Why）+ 构造（What）+ 运用或维修（How）。

比如"汽车发动机基础知识培训"课程大纲可以设计为：

一、汽车发动机原理

二、汽车发动机构造

三、汽车发动机维修

第二种组合：What（是什么）+ Why（为什么）+ How（怎么做）。

如果所讲课题对学员来说是全新概念，那么应该先讲定义、内涵；如果是针对老员工进行的培训，定义、内涵都熟悉，那么这个结构可以变通为：现状、原因、改进（见表2-1）。

表 2-1　WWH 结构组合

结构组成	针对新手培训 （对培训课题不熟悉）	针对老手培训 （对培训课题熟悉）
What（是什么）	定义、内涵	现状
Why（为什么）	作用、优势	原因
How（怎么做）	运用、操作	改进

我再给大家举两个例子。

案例一："5S 生产管理"课程大纲

一、什么是 5S

二、5S 的重要性

三、如何做好 5S 管理

案例二："如何提高集客有效性"课程大纲

一、现状阐述

二、原因分析

三、解决措施

以上是WWH结构的两种不同组合。但是如果定义和重要性比较简单，或者学员之前有所了解，建议不要采用此结构，直接将第三部分内容展开。展开的方式，就是接下来要介绍的另外两种结构。

2. 要素型结构

如果课程内容主要是并列、递进的三方面要素，那么课程结构可以采用要素型结构。以下是两个例子。

案例一："外勤助手业务功能培训"课程大纲

一、定位管理功能

二、轨迹查询功能

三、任务派单功能

案例二："工作增效的三个锦囊"课程大纲

一、如何准确理解：三色表格法

二、如何科学分析：5W2H法

三、如何正确选择：三步一问法

3. 时间式结构

如果课程内容各要素之间是时间顺序、流程步骤关系，那么可以运用时间式结构。以下是两个例子。

案例一："公司介绍"课程大纲

一、知过去：步履艰辛

二、看现在：乘势而上

三、展未来：壮志雄心

案例二："如何做好贷款调查"课程大纲

一、做好贷前调查

二、做好贷中审查

三、做好贷后检查

以上三种线性结构：WWH 结构、要素型结构、时间式结构，究竟哪一种最合适，还是要依课程内容和受众对象而定。

另外，必须牢记一点，不管采用何种结构，前提都是紧扣主题。在央视《主持人大赛》中，主持人董卿曾经点评一位选手："一篇主持稿，就是一篇小文章。文章，文章，立意最重要！**驭文之首术，谋篇之大端。**"立意深刻、扣题精准，是写好文章的关键，也是构建课程目录的关键。

举个例子，有位内训师计划参加课程开发大赛，开发课题"审计沟通的艺术"，培训时长一小时，课程一级目录是按 WWH 结构设计的：

一、沟通是什么

二、影响沟通的因素

三、沟通在审计工作中的运用

这个课题的重点在哪里？其实并不突出。沟通是大课题，但课时只有一小时，因此课程重点必须紧扣审计沟通。后来大纲调整为：

一、审计沟通之"重"

二、审计沟通之"难"

三、审计沟通之"巧"

课程结构的搭建必须紧扣主题。"驭文之首术，谋篇之大端。"出自南朝刘勰《文心雕龙》中的这则金句，我们需要牢记。

小胡子画重点

1. 信息只有按照人的思考线索进行排列和传播，学员才听得懂。
2. 最容易让听众理解的结构，是线性结构：WWH 结构、要素型结构、时间式结构。
3. 不管采用何种结构，前提是紧扣主题。

2.3 条理通畅化
让目录层次分明

如果你课程内容多、时间长、有多级目录，那么章节（目录层级）之间还需要遵循什么原则，才能做到条理通畅化呢？

这里，我们要掌握一个重要的思维工具：MECE 法则。

这是麦肯锡咨询顾问芭芭拉·明托在《金字塔原理》中提出的一个思考工具，MECE 是 Mutually Exclusive Collectively Exhaustive 的缩写，意思是：**相互独立，完全穷尽**。简化公式为：不重叠 + 不遗漏。

1. 不重叠

每一个层级之间的观点，必须是相互独立的，不能有交叉、重叠，否则学员的思维就容易绕在一起，导致他听不明白，但这是不少讲师容易忽视的问题。

举个例子，如图 2-4 上图所示，这是一位地产公司内训师写的课程大纲。

上边初稿看似没问题，但仔细推敲就会发现：第一章内容，其实是属于第三章第 2 节的，而第三章第 2 节与第 1 节又是从属关系。另外，第二章第 1 节和第 2 节的内容也有交叉。

如果各章节之间，你中有我，我中有你，重重叠叠，课程结构就乱了。图 2-4 下图是按照不重叠原则修改后的大纲，是不是比初稿清晰明了多了？

所以，**不交叉、不重叠，一个章节讲清一个问题**，是课程结构层次分明的关键。

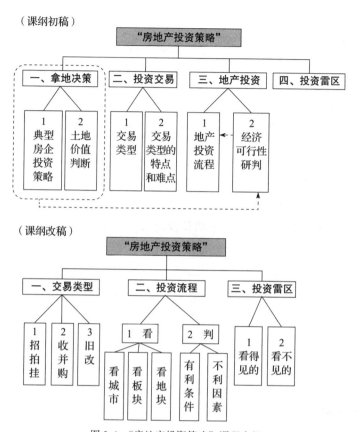

图 2-4 "房地产投资策略"课程大纲

2. 不遗漏

章节之间要做到不重叠,章节之内要做到不遗漏。紧扣章节主题,要将学员需要了解的内容展现无遗。如果有所隐藏、有所遗漏,那么学员在实际运用中,就会不知所措。

举个例子,财务部内训师开发"费用报销培训",其中第二章目录是这样的:

二、办公费报销

1. 办公用品的分类

(1)办公用品固定资产 (2)办公消耗品

2. 办公用品的申请、采购、验收

（1）办公用品的申请 （2）办公用品的采购 （3）办公用品的验收

看了这部分目录，你发现问题了吗？看完后，你学会怎么去报销办公费了吗？相信你跟我一样，还是不会。这一章的主题是办公费报销，应该紧扣主题，将报销的流程，不带遗漏地全部列明。按照这个要求，我们来看修改后的大纲：

二、办公费报销

1. 准备办公用品报销资料

（1）办公用品申请单 （2）采购询价记录 （3）验收单 （4）发票

2. 填写费用报销单据

3. 签批费用报销单据

只有这样设计课程，学员才知道怎么做。

小胡子画重点

1. 课程章节之间要做到不重叠，让学员听得懂。
2. 课程章节之内要做到不遗漏，让学员用得上。

2.4 语言精练化
让目录表述精准

课程目录的设计，除了归纳简单化、逻辑结构化、条理通畅化之外，还有一个要求——语言精练化，这也是很多讲师容易忽视的问题。

那么，目录的撰写，在语言表述上有什么标准呢？

我平时喜欢看汪曾祺的文章，他曾说："我的老师沈从文告诉我，语言只有一个标准，就是准确。一句话要找一个最好的说法，用朴素的语言加以表达。"结合沈从文的标准，我认为达到语言准确有三个标准：通顺+精练+生动。

1. 标准一：通顺

唐代韩愈在《南阳樊绍述墓志铭》中提出"文从字顺"，意指"行文用字，需要妥帖通顺"。要想目录表述准确，首先要扣题、通顺。

举个例子，有内训师开发"假币收缴"课程，第一章目录是这样写的：

一、假币现状

1. 案例介绍

2. 学员互动，讨论案例中存在的问题

3. 总结现状

我们来看一下，这份目录的问题是，将素材案例、教学的方法步骤当成知识点列为二级目录，这样的描述不通、不扣题。有的老师喜欢将"案例"列在目录中，然而案例与观点之间不是并列关系，案例属于素材，是为观点服务的，因此在展开讲授观点时，直接用案例去论证就可以。

再举个例子，有内训师开发"基金定投"课程，第二章目录是这样写的：

二、基金定投适合人群

1. 年轻父母 2. 养老金 3. 购房

这个目录的问题是用词不准确,适合人群怎么能是"养老金"和"购房"呢?明显不通顺。后来他重新修改为:

二、基金定投适合人群

1. 养娃一族 2. 养老一族 3. 养房一族

你看,这样一修改,不仅通顺了,而且出彩了吧。

2. 标准二:精练

作为目录标题的观点,语言不宜过长,要用最简练的话进行概括,甚至提炼为最精练的词。

给大家举两个案例,看看如何修改,才能让目录更精练。

案例一:"企业中高层财务管理"课程第三章 如何推动绩效改进

原目录:	修改为:
三、如何推动绩效改进	三、如何推动绩效改进
1. 没有行动方案的财务分析就是数字游戏	1. 制订行动方案
2. 设定三段式业绩指标,实现企业持续奔跑	2. 设定业绩指标

案例二:"如何降低车间损耗"课程

原目录:	修改为:
一、车间产生的各种损耗	一、"耗"不客气:损耗现状
1. 机台开启过多产生的损耗	1. 机台损耗
2. 仓库部门没有严格控制出库数量产生的损耗	2. 仓库损耗
3. 车间员工上班不认真产生的报废	3. 车间损耗
4. 没有进一步根据实际进行二次开发	4. 开发损耗
二、为什么会产生这么高的损耗	二、"耗"无道理:损耗原因
1. 主管没有掌握好货期,没有合理安排机台数量	1. 不合理
2. 仓库管理不严谨,怕影响进度,对车间的要求不敢拒绝	2. 不严谨
3. 车间领班管理不到位,员工没有危机感	3. 不到位

4. 开发部门的懒惰性
三、严格要求做到以下目标，降低损耗
1. 主管根据产能合理安排机台
2. 超过比例损耗需本人签字才能出库
3. 如何加强车间员工绩效考核，领班连带责任
4. 对二次开发进行奖励，提高一定比例产能有奖励

4. 不动脑
三、"耗"到底：止损办法
1. 合理安排
2. 严格出库
3. 加强考核
4. 激励奖励

3. 标准三：生动

表达是一门语言的艺术，生动的语言描述，会给学员不一样的感觉、印象。目录如何能做到生动呢？教你一个技巧：加生动化的标题。如此修饰一番，必定能让学员眼前一亮，尤其是让专业、枯燥的课程生动起来。

举个例子，这是一位内训师开发的专业技术类课程"单面焊双面成形打底焊接培训"，修改前后的大纲一对比，你会发现课程灵动起来了。不得不感慨咱们中国的汉字博大精深，拥有无穷魅力。

原目录：
1. 什么是打底焊
2. 焊接参数选择
3. 焊接方法选择
4. 焊接缺陷的产生及原因
5. 焊接缺陷克服方法

修改为：
一、里子比面子更重要：了解打底焊
1. 什么是打底焊
2. 打底焊的重要性
二、适合的才是最好的：操作打底焊
1. 焊接参数选择
2. 焊接方法选择
三、有病不怕，得治：完善打底焊
1. 焊接缺陷的产生及原因
2. 焊接缺陷克服方法

为了让你的课程目录同样精彩，下面，我根据不同主题，精选了一些TTT培训课堂上，各企业优秀讲师们设计的经典大纲，给大家参考一下。

（1）党史党建类培训课程大纲

案例一："中国共产党党史学习"课程大纲

导言　为什么要学习党史：知源头、感党恩、明未来

一、风云变幻：新民主主义革命时期

1. 历史事件：五四运动、党的创建、长征、抗日战争、解放战争

2. 建党经验：三大法宝

二、峥嵘岁月：社会主义革命和建设时期

1. 历史事件：新中国成立、抗美援朝、第一个五年计划

2. 建党经验：六大经验

三、高歌猛进：改革开放和社会主义现代化建设时期

1. 历史事件：中国共产党第十四次全国代表大会、中国共产党第十九次全国代表大会

2. 建党经验：九大经验

案例二："党建引领业务发展"课程大纲

一、吹响集结号：聚人心

1. 立心：讲政治　2. 立标：明方向　3. 立责：定分工

二、吹响冲锋号：克艰难

1. 跟我上，发挥班子表率作用

2. 我先上，发挥党员先锋作用

3. 让我上，发挥全员集体力量

三、吹响凯旋号：提质效

1. 快总结　2. 快赏罚　3. 快提升

（2）风险警示类培训课程大纲

案例一："员工廉洁风险教育"课程大纲

一、"江湖之险"：廉洁教育目的

1. 国家反腐：严峻　2. 行业反腐：风急

二、"江湖之律"：廉洁自律规定

1. 国法：国家法律法规　2. 党纪：党员行为准则　3. 家规：公司规章制度

三、"江湖之行"：廉洁行为准则

1. 尽好责　2. 用好权　3. 守好德

案例二:"员工风险警示教育"课程大纲

一、必须了解的点:员工行为风险点

1.行为风险点分类　2.行为风险点特点　3.行为风险点成因

二、不能触碰的线:员工行为禁令

1.底线:员工基本行为制度　2.红线:员工重点行为禁令

三、防范警戒的面:不当行为的违规

1.直接行为造成的违规　2.间接行为造成的违规

(3)通用管理类培训课程大纲

案例一:"如何做好机场运行指挥"课程大纲

一、能:掌握好岗位专业技能

二、干:积极干好协调指挥

三、活:灵活处理特殊紧急情况

案例二:"卓有成效的中层领导力建设"课程大纲

一、心领神会:一对关系是基础

1.原因:下属为何绩效不佳　2.原理:代理与委托关系

3.原则:四种常见的角色错位分析

二、因势利导:两种风格要区分

1.管理与领导是什么　2.管理行为与领导行为区分

3.现实中的误区应对

三、尽心尽力:三个关键促提升

1.握好方向盘:坚持目标导向　2.用好全动力:运用管理矩阵

3.当好传动轴:践行承上启下

(4)人力资源管理类培训课程大纲

案例一:"'薪'心相印:员工薪酬体系培训"课程大纲

一、从"薪"开始:薪酬简介

1.薪酬体系级别　2.薪酬核定原则

二、"薪"花怒放：薪酬结构

1. 常规薪酬　2. 或有薪酬　3. 福利

三、用"薪"服务：薪酬查询

1. 薪酬查询三个途径　2. 薪酬严守三不原则

案例二："企业用工风险防范"培训大纲

一、招聘风险及防范

1. 招工简章风险及防范　　2. 审查信息风险及防范
3. 录用通知风险及防范

二、用工风险及防范

1. 劳动合同签订风险及防范　2. 社会保险缴纳风险及防范
3. 员工岗位调整风险及防范

三、辞退风险及防范

1. 非过错辞退风险及防范　　2. 过错辞退风险及防范

（5）财务管理类培训课程大纲

案例一："晓财大用：如何看懂财务报表"课程大纲

一、"掀起你的盖头来"：了解财务报表

1. 财务报表的定义　2. 财务报表的数据来源　3. 财务报表分类

二、"明明白白我的心"：为什么需要看懂报表

1. 财务报表能带给我们什么　2. 容易被忽略的财务报表

三、"最懂你的人是我"：如何看懂财务报表

1. 抓重点：看你想看的　2. 会算账：算你关心的

案例二："个人所得税培训"课程大纲

一、零零"税税"：啥是个税

1. 所得税的概念　2. 个人所得税的种类

二、"税"月静好：为啥纳税

1. 国家法律规定　2. 缴纳个税的好处

三、形影相"税":咋去缴税

1. 源泉扣缴　　2. 自行申报

(6) 生产管理类培训课程大纲

案例一:"有质者事竟成:卓越品质管理"课程大纲

一、品质有"道":了解品质

1. 品质的概念　2. 公司的品质目标　3. 公司的品质方针

二、品质有"理":为什么要做好品质

1. 品质对顾客的影响　2. 品质对公司的影响　3. 品质对个人的影响

三、品质有"术":如何做好品质管理

1. 产品品质标示及处理　2. 制程品质控制要点　3. 物料转移"品质红线"

案例二:"新宝电器研发激励措施"课程大纲

一、"寻宝":激励简介

1. 技术研究类　2. 产品研发类　3. 其他类

二、"淘宝":分配制度

1. 研究类分配方法　2. 研发类分配方法　3. 其他类分配方法

三、"支付宝":激励兑现

1. 季度兑现　2. 年终兑现

(7) 专业技术类培训课程大纲

案例一:"电气图基础知识培训"课程大纲

一、应知:了解电气图

1. 电气图基本概念　2. 电气图的标准　3. 电气图形符号

二、应懂:电气图的种类

1. 电路图　2. 接线图　3. 布置图

三、应会:读图方法

1. 单元分割法　2. 工作状态分析法　3. 推理分析法

案例二:"压气机试验件结构设计"课程大纲

一、长啥样:试验件主要结构

1. 进、排气段典型结构 2. 转子典型结构 3. 静子典型结构

二、有啥用:主要零组件功能

1. 进、排气段功能 2. 转子功能 3. 静子功能

三、怎么搞:试验件设计流程

1. 方案设计 2. 强度评估 3. 精细设计 4. 加工装配

(8) 发电类培训课程大纲

案例一:"克勤克俭:输煤系统节能降耗精细化管理"课程大纲

一、问一问:节能降耗很有必要

1. 输煤损耗高:要减 2. 跑冒滴漏多:要治 3. 燃煤损耗大:要降

二、查一查:节能降耗大有潜力

1. 查人员 2. 查设备 3. 查物料

三、改一改:节能降耗要有作为

1. 人员作业标准化 2. 设备治理制度化 3. 燃煤标杆持续化

案例二:"发电厂化水基础知识培训"课程大纲

一、"水从何来":预处理

1. 旋转滤网 2. 补水泵 3. 调节水池、反应池、滤池

二、"水由何出":精处理

1. 超过滤装置 2. 反渗透装置 3. EDI 装置

三、"水向何去":加热做功

1. 锅炉补给水 2. 机组冷却水 3. 工业用水 4. 生活用水

(9) 供电类培训课程大纲

案例一:"整装待发,表里如一:电能表安装"课程大纲

一、安全连着你我他:实训安全要求

1. 心灵:人员安全要求 2. 手巧:工具安全要求 3. 目明:设备安全要求

二、没有规矩不成方圆：实训工艺要求

1. 一针一线：识图要求　2. 牵线搭桥：接线要求

3. 一线不乱：工艺要求

三、大处着眼小处着手：实训实操要求

1. "不可开交"：电流回路要求　2. "扬长避短"：电压回路要求

案例二："心中有数：大数据助力电费回收"课程大纲

一、大：电费回收压力大

1. 新的国家政策导向　2. 电费回收现状

二、数：客户分类心中有数

1. 主动交费的优质客户　2. 提醒交费的良好客户　3. 滞后交费的困难客户

三、据：数据分析催收有据

1. 大数据分析缴费方式转变　2. 大数据分析缴费周期缩短

3. 大数据助力缴费渠道优化

（10）安全管理类培训课程大纲

案例一："火灾猛于虎：消防安全知识培训"课程大纲

一、"找老虎"：认识火灾

1. 火灾的产生　2. 火灾的分类

二、"打老虎"：正确使用消防器材

1. 常用消防器材　2. 特殊消防

三、"防老虎"：消防"四个能力"

1. 能"查"　2. 会"灭"　3. 懂"逃"　4. 要"宣"

案例二："营业网点的安全管理"课程大纲

一、看好门：大门安全管理

1. 出入口的管理　2. 联动门的管理

二、管住钱：钞箱安全管理

1. 押运人员钞箱交换　2. 网点人员钞箱交换

三、防走火：消防安全管理

1. 消防的日常管理　2. 消防的预案处置

（11）金融服务类培训课程大纲

案例一："富贵险中求：贸易融资风险管理之道"课程大纲

一、险而易见：贸易融资风险之患

1. 霜降：经济形势走弱　2. 冬至：风控手段缺乏

3. 小寒：不良贷款高企　4. 大寒：风险案件高发

二、千难万险：贸易融资忧患之因

1. 内部：风险意识不强、风控能力不足

2. 外部：贸易背景不实、短贷长用不符

三、化险为夷：贸易融资风控之法

1. 沙和尚之慎：加强客户准入　2. 唐三藏之念：避免操作风险

3. 猪八戒之痴：关注企业动态　4. 孙悟空之力：保驾融资流程

案例二："智柜十二时辰：智能柜台日常运营管理"课程大纲

一、"智"在破晓：营业前准备

1. 清机加钞　2. 自动清点

二、"能"于白昼：营业中管理

1. 能做：客户身份识别　2. 不能做：客户信息泄露

三、"柜"在黄昏：营业终必做

1. 日结核查　2. 账实核对

（12）产品类培训课程大纲

案例一："优中选优：优客分期产品培训"课程大纲

一、"优"在哪里

1. 市场潜力大　2. 中收贡献高　3. 资产质量好

二、"客"在哪里

1. 寻找客户　2. 识别客户　3. 筛选客户

三、怎么"分期"

1. 身份证明　2. 财力证明　3. 用途证明

案例二:"众志成橙:橙分期产品培训"课程大纲

一、"橙心橙意":了解橙分期

1. 业务介绍　2. 方案套餐

二、胸有"橙"竹:如何操作

1. 授信　2. 受理　3. 竣工

三、破茧"橙"蝶:怎样发展

1. 礼品包装　2. 营销话术　3. 活动组织

(13) 营销类培训课程大纲

案例一:"贷款营销三步走"课程大纲

一、抓住点:服务好一个客户

1. 转变思维观念　2. 改变服务态度

二、连成线:服务好一群客户

1. 口碑营销　2. 顺藤摸瓜　3. 建立壁垒

三、铺开面:服务好一片客户

1. 批量营销　2. 重点营销

案例二:"玩转新媒体营销"课程大纲

一、"新"来乍到:什么是新媒体营销

1. 概念　2. 种类

二、推陈出"新":为什么做新媒体营销

1. 应势而生　2. 顺势而为　3. 乘势而上

三、标"新"立异:怎么做新媒体营销

1. 推广之路　2. 运营之法　3. 维系之道

(14) 市场渠道类培训课程大纲

案例一:"决胜渠道,谁与争锋:渠道销售技巧"课程大纲

一、"初入江湖"：了解渠道门派

1. 江湖之名：渠道定义　2. 江湖之门：渠道类型

3. 江湖之派：渠道体系

二、"行走江湖"：掌握立身之本

1. 任脉：血之源——分销渠道价值　2. 督脉：气之源——行业渠道价值

三、"笑傲江湖"：打通任督二脉

1. 打通任脉：分销渠道销售技巧　2. 打通督脉：行业渠道销售技巧

案例二："争霸天下：核心联盟店的建立"课程大纲

一、"广积粮"：积累客户资源

1. 储备：调研筛选　2. 粮草：意愿商家

二、"高筑墙"：建立合作堡垒

1. 根据地：维护客户，提升盈利　2. 进攻：费用落地，品牌规划

3. 防守：建立档案，增值服务

三、"缓称王"：蚕食市场份额

1. 避敌锋芒：制造氛围，有效铺货

2. 发挥战术：消费培养，消费互动

3. 壮大自己：品牌提升，扩大品类

（15）通信类培训课程大纲

案例一："互联网＋来了"课程大纲

一、应势而生："互联网＋"是什么东西

1. 一脉相承：互联网与"互联网＋"

2. 两股势力："互联网＋"与"＋互联网"

二、顺势而为："互联网＋"凭什么这么牛

1. 无限互联：物联网　2. 无处不在：云计算　3. 无中生有：大数据

三、借势而谋："互联网＋"关我们什么事

1. 先发制人：占领平台生态入口　2. 后发制人：后向运营商业模式

案例二:"步步为营:如何打好社区攻防战"课程大纲

一、"铺天盖地":宣传无处不在

1. 我方布置 2. 敌方破坏 3. 我方维护

二、"战无不胜":发展一鼓作气

1. 一区一册 2. 上门营销 3. 现场营销

三、"攻无不克":维系尽心尽力

1. 分类维系 2. 体验营销 3. 提升感知

(16)新员工培训课程大纲

案例一:"从新出发:沅江农商行新员工入职培训"课程大纲

一、新征程:走进沅江农商行

1. 企业简介 2. 企业文化 3. 社会责任

二、新起点:立足自身岗位

1. 岗位设置 2. 岗位职能 3. 岗位协作

三、新梦想:规划职业生涯

1. 沅梦之初:认识自我,设定目标

2. 沅梦之路:晋升通路,条条大道

3. 沅梦之旅:好好学习,天天向上

案例二:"走进吉利焊装之家:新员工入职培训"课程大纲

一、家史

1. 发展历史 2. 组织结构 3. 生产模式

二、家产

1. 生产设备 2. 生产工艺

三、家文化

1. 有爱 2. 有钱 3. 有规章

限于篇幅,以上课程大纲只列出了二级目录。对于时长在一小时以上的课程,你需要设计三级目录,这样章节结构才更清晰。

这里再举一个经典案例。下面这门课程的开发人，是河北省国资委兼职讲师团优秀讲师、河北建投宣化热电有限责任公司闫云丽老师，她在2019年中国内训师大赛中荣获金牌讲师。她的课程大纲具体如下。

女人顶起半边天：职场女性的自我情绪管理

一、学一学：了解情绪

1. 情绪来自哪里

（1）来自工作的压力　（2）来自人际关系的不和谐

（3）来自家庭的不和睦　（4）来自子女的培养

2. 情绪免不了

（1）情绪人人有　（2）情绪四特性　（3）情绪三自知

3. 情绪的三大影响

（1）情绪影响行为　（2）情绪影响健康　（3）情绪影响状态

二、看一看：评估情绪

1. 情绪源于三心态

（1）软弱心态　（2）托付心态　（3）攀比心态

2. 对照标准来评估

（1）了解精神健康　（2）精神健康标准　（3）开展自我评估

3. 理顺情绪三维度

（1）时间维度　（2）承受程度　（3）相处适度

三、调一调：管理情绪

1. 管理情绪ABC

（1）情绪管理法则　（2）透过现象看本质　（3）管理情绪六要点

2. 调整情绪有三招

（1）急招：停一停　（2）奇招：找一找　（3）实招：放一放

3. 健康情绪定目标

（1）职业心态　（2）持续学习　（3）做强自己

设计好了清晰生动的课程纲要，如何在课件中体现呢？如图2-5所示，大家可以参考闫云丽老师制作的 PPT 课件，通过各级目录页的设计，让课程结构一目了然。

图 2-5　PPT 课件目录页模板

看了以上案例，是不是感觉很出彩？如果你想写出同样精彩的目录，送你四字秘诀：反复推敲。

课程是设计出来的，精彩是推敲出来的！而且好的课程不是一下子就能开发出来的，它始终在迭代的路上，没有最好，只有越来越好。

当然，可能有人会想，文字功底不行，实在写不出文采怎么办？这里也需要说明一点，目录的设计，不一定非要那么"文艺范儿"，更不要舍本逐末。逻辑清晰、结构有序才是关键，表述直白、学员看懂才是重点。

小胡子画重点

1. 目录语言的运用，首先要通顺，其次要精练，最后要生动。
2. 目录想要设计得精彩，可以先模仿，再超越，反复修改。
3. 目录的设计，先厘清结构，再优化标题。

小胡子敲黑板 ·本章小结·

这一章讲的是课程结构中的目录设计，重点锻炼你的结构化思考能力。

可能有人会问，对内训师而言，有的课程只讲一次，有必要花时间去推敲、提炼吗？我认为完全有必要，因为你的总结能力就是在每一次推敲中一点点提高的。

对职业讲师而言，更需要对课程结构反复推敲打磨。对于同一门课程，每次培训的需求不同，你的结构目录也要不同。

对职业经理人而言，每次写总结汇报，同样要记住先列好提纲。结构越清晰，你的表达就越有效。

要想写好提纲、搭好目录，需要记住这一章讲的"四化模型"：

归纳简单化：通过黄金三点式，做到归纳简单；

逻辑结构化：通过三种线性结构，做到结构清晰；

条理通畅化：通过不重叠、不遗漏，做到条理通畅；

语言精练化：通过不断推敲，做到语言精练。

最后用八个字总结一下：结构为王，大纲先行。

萃取模型

让内容干货满满

第 3 章 / 03

> 博学之，审问之，慎思之，明辨之，笃行之。
> ——《礼记·中庸》

学、问、思、辨、行是学习的五个环节，也是培训师的五层修炼。博学，兼收并蓄、博采众长；审问，刨根问底、钻研问题；慎思，谨慎思考、全盘考虑；明辨，明确分辨、筛选内容；笃行，躬行实践、积淀经验。

在搭建好课程框架后，我们接下来的任务，是将博学的知识、笃行的经验，有效萃取，填充到课程中。这是因为，课程框架并不产生实际价值，内容越细化、要点越好记、方法越好用，你的课程才越实用。

那么，知识点如何得来？经验如何挖掘？方法如何提炼？如图 3-1 所示，这一章给大家的落地工具是：萃取模型。通过外取、内萃和提炼三个关键动作让你的课程干货满满。

图 3-1 萃取模型

3.1 外取
博采外部知识

从认知心理学的角度来讲，知识分为陈述性知识和程序性知识。陈述性知识，是关于"是什么"的知识，包括概念、规则等，这些知识主要靠借鉴获取；而程序性知识，是关于"如何做"的知识，包括完成任务的行为步骤、方法技巧，这些知识一部分来自个体经验，一部分靠从外部获取。

采百家花酿自己的蜜，课程开发的过程，也是搜集资料、集众家之长的过程。深挖洞、广积粮，做好知识储备，这是开发课程的基础，是当好讲师的前提。那么，如何广积粮，从外部获取知识呢？我总结为"海底捞"法则：

外取知识 = 海量搜集知识 + 撷取底层知识 + 捞取实用干货

1. 海量搜集知识

储备知识如同取经，有三条通路：向老师取经、向网络取经、向书本取经。

（1）向老师取经

"听君一席话，胜读十年书。"想开发什么课题，直接向专业老师学习，参加相关课程，这是快速获取课题知识的捷径。

目前企业对员工培养比较重视，或多或少都外请过老师来培训授课。内训师在开发课题时，可以回想一下是否听过相关培训课程，参考、借鉴一下之前的课堂笔记。

职业讲师更需要"拜师取经",想讲好哪个课题,就去找领域内有名的老师,最好能去听现场课。十几年前我想讲授表达课、TTT 课程时,同样如此,到处上门学艺。曾经为了参加台湾名嘴林伟贤老师的讲师班,甚至变卖收藏的画作凑学费。我身边有很多优秀讲师,每年也都会自己掏钱参加各种学习。有一位朋友想成为管理类讲师,先后听过 22 位老师的现场课程。**先要有投入,才能有产出。**

那么,如何听课才能学到更多呢?这也有门道,你得学会用培训师视角去听。听课时带上一个笔记本,在每一页中间画一条线,左边记知识要点、方法干货,右边记素材案例、教学形式。这样,一堂课下来,你不仅知道老师讲了什么,更明白了老师是怎么讲的。有些公司对外出参加培训人员还有转训要求,如果你这样做笔记,回去转训会更精彩。

除了现场课,目前各大知识付费平台上,有各领域专家大伽录制的线上课程,都值得学习参考。其中"得到"App 上的课程质量高、门类全,包含授课音频、完整讲义文稿以及学员问答,便于学习和借鉴。

(2)向网络取经

除了向老师学习,想要搜集最新的知识,网络当然是最大的资源库。最常用的途径:百度搜索 + 微信搜索。

百度搜索:建议直接上百度文库,如图 3-2 所示,可以选择文档格式类型和上传时间。

图 3-2 百度搜索

微信搜索:如图 3-3 所示,第一步,打开微信"发现";第二步,点开

"搜一搜";第三步,输入"关键词"。检索出来的优质文章可以按发布时间、阅读量排序。

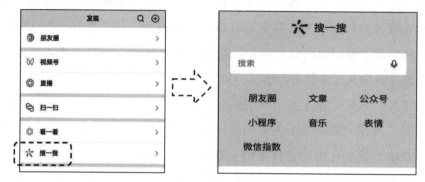

图 3-3　微信搜索

通过网络搜索到好的资料后,如何第一时间对其进行整理呢?我推荐使用笔记工具,如印象笔记、有道云等,手机和电脑同步安装。平时在手机上看到的文章、信息可以随手保存下来,然后在电脑上分类归档,随时调用。

（3）向书本取经

除了向老师、网络取经外,我们更需要向书本取经。**信息爆炸时代,阅读才是最有效的学习。**

科普作家万维刚在《高手》一书中说:"我们每天在新闻、论坛、微博和朋友圈看到的东西,大约相当于海滩上几个漂亮的贝壳。最有用的东西在哪里?最深刻的东西在哪里?最高妙的东西在哪里?它们和最新奇、最刺激、最野性的东西一起——在书里,在小众刊物里,在论文里。"

这段话说得很形象,碎片化信息不可能构成系统的知识体系。用一年时间,每天刷 1 小时朋友圈,你的资讯不会增加多少。但是,如果用一年时间,每天看 1 小时书呢?星星之火,可以燎原。智商再高,天才与普通人之间也差异有限,但如果你精读过 100 本甚至 1000 本以上阅读难度较大的书,你很容易拥有十倍、百倍于同辈人群的信息差异。

要想当好讲师,更需养成阅读习惯,我有两个建议:主题阅读+广泛阅读。

一是做好主题阅读。

开发课程需要汲取大量间接经验，涉猎与课程主题相关的知识。《如何阅读一本书》的作者莫提默·J.艾德勒，将其称为主题阅读。要想解决好某类问题，就要集中阅读与之相关的经典著作。

樊登读书创始人在《读懂一本书》中透露："我为了准备危机公关课程，去买了三本关于危机公关的书。看完这三本书后，我脑子里便出现了一个危机公关的课程大纲。于是我就将那三本书的内容综合在一块儿，写了一个长长的PPT，这就形成了一个危机公关的课程。"

像樊登老师一样，开发一门课程看三本书，可以作为企业内训师的标准，职业讲师开发一门课程应该看不少于30本书。我认识一位讲战略管理的老师，他为了讲好战略课程，一个月看了30本相关的专业书籍。我的习惯是只要与课题相关的书，发现一本买一本，出版一本买一本，甚至到旧书网淘以前出版的老书。目前与培训教学、课程开发、教育心理学、认知心理学、脑科学、演讲表达等相关的书籍，我收藏了已有几百本。

当然，书可买也可借。曾经有人问我到哪里找系统的专业资料，我建议他去图书馆。一个城市藏书最多的地方当然是图书馆，网上一般只能买到最新出版的书，而在图书馆，你能看到这个领域至少几十年内出版的书籍。

同时，主题阅读首先要看经典、看原著、看一手知识。要想成为高手，你要保持跟世界级高手对话。不管你聚焦于哪个领域，如果你授课时，背后有几十个世界级大师的研究成果给你撑腰，你的课程能不精彩吗？

二是做到广泛阅读。

梁启超在写给儿子梁思成的家信中提到**"书宜杂读，业宜精钻"**，意思是对于各种类型的书籍，我们都应该有所涉猎、兼收并蓄。鲁迅就提倡读书"多翻法"，清风无事多翻书，可开阔视野、启迪思路、增长见识、触类旁通。尤其是对于专业类课程，要想讲得生动形象，不就事论事，做到旁征博引，就要看你阅读的广度了。

我很喜欢德国著名作家、诗人赫尔曼·黑塞的一句话："世界上任何书都不能带给你好运，但是它们能让你悄悄成为你自己。"

博观约取、厚积薄发，主题阅读和广泛阅读能够让你悄悄成为更好的自己。

以上就是知识储备的三条通路：向老师取经是行驶在高速公路，向网络取经是走城市马路，向书本取经是走羊肠小路。我们平时习惯了开高速、走马路，但更要多走小路。"曲径通幽处，禅房花木深。"

2. 撷取底层知识

撷取，是采择精华的意思。底层知识就是精华，像树的树根，其他知识都是底层知识的延伸。

那么，在一门培训课程中，有哪些底层知识是需要我们储备和采择的呢？我认为底层知识可以分为四个层面，为便于记忆，我总结为"点石成金"四维度。

（1）以点带面：思维层面——概念观点

首先，要储备和采择思维层面的知识，包含概念性知识，如定义、区别、特征、分类以及精彩的立场观点，帮学员从未知到已知，点亮知识盲区。

（2）他山之石：规律层面——理论原则

其次，要储备和采择规律层面的理论、原则和效应。他山之石可以攻玉，各类理论本质上是人类在各个领域最佳实践的总和，以理论研究成果为依据，让学员知其然、知其所以然。

（3）七步成诗：行为层面——流程步骤

再次，理论要和实践相结合，有了理论依据后，学员更需要知道如何去实施行动。行为层面的流程和步骤，是不可或缺的过程类知识。

（4）披沙拣金：转化层面——方法工具

培训要想落地，你在最后一定要给出解决方法。不给方法和工具的培训，都是耍流氓。有解决方法才能落地，有技巧诀窍才能实操。

以上四个层面的知识，是一门培训课程必不可少的。在储备和采择底层知识的过程中，你可以对标检查——缺什么，找什么。运用"拿来主义"，找精彩观点、找理论依据、找实施步骤、找实用方法，让你的课程有深度、有高度、有广度。

3. 捞取实用干货

知道了从什么路径获取知识，清楚了要获取什么知识，那么撷取来的知识，是不是一股脑都往课件里面塞呢？

肯定不是，我们需要再做第三个关键动作：捞取实用干货。

我们经常说培训要有干货，那么究竟什么是干货呢？先做个测试吧，有奖竞猜：以下四个选项中，哪一项是干货？

A. 成为营销高手的"降龙十八掌"　　B. 释放员工潜能的八大核心法则

C. 有效沟通十五大经典原则　　　　D. 外取知识"海底捞"法则

如果你选A、B、C项，可以再给一次机会；如果你选D，恭喜你，答对了！

有人可能会想，A、B、C项为什么不是干货，不是有很多理论、法则吗？其实，这也是不少职业讲师容易踩的一个雷区：以为讲的理论越高深、越多，就代表课程干货越多。

我曾经看到学员在一位管理专家培训的课后评估表中反馈的意见："理论性的东西太多了，不实用，希望多一些实际管理问题的分析，以及对应的解决方法。"我相信这个意见代表了很多学员的心声。

那么，究竟什么才是学员眼中的干货呢？我认为标准是"三最"：

基于学员运用的最简单理论；

基于场景运用的最简单流程；

基于实用实操的最简单方法。

著名学者吴军在《见识》一书中提出："太多太复杂的方法难以实施，

效果反而不如那些简单易行的方法。我从不认为自己能够记住那些'10个改变你生活的方法'或'20条提高效率的法宝'等,因为数量太多根本记不住,更不要说照着执行了。衡量一个专家水平最可靠的方法,就是看他是将复杂的问题简单化,让每一个人都能理解,还是故作高深,将简单的问题复杂化。"

衡量一个专家水平最可靠的方法,是看他能否将复杂问题简单化,我特别认同这个观点。你需要具有"明辨"能力,站在学员角度去甄别和选择。不过,这到底要怎么做呢?四个字:删繁就简。

精简理论,即如果有两套理论都可以解释清楚,那么用最简单的那套。精简流程,即剔除节点,流程能用三四步完成的,不要整出五六步;精简方法,即能用三板斧解决的,不要用降龙十八掌。

搏击中,出招过多往往是因为无效招式太多,有效招式太少。**讲一门课程,如果弄得很深奥,是因为培训师没有看穿实质;教一项技能,如果搞得很复杂,是因为培训师没有抓住关键。**高手出招,一招制敌;高人指点,一语中的。对于复杂的问题,能给出简单的解决方法的人才是高手。

最简单的理论、最简单的流程、最简单的方法才是学员想要的干货。大道至简,简化的才是更高级的。

小胡子画重点

要博采众长、外取知识,可以运用"海底捞"法则:
1. **海**量搜集知识,向老师取经、向网络取经、向书本取经;
2. 撷取**底**层知识,找精彩观点、找理论依据、找实施步骤、找实用方法;
3. **捞**取实用干货,基于运用,精选最简单的理论、最简单的流程、最简单的方法。

3.2 内萃
萃取个体经验

一位优秀的培训师，不光是知识的搬运工，还应该是经验的总结者。后者，是我们更需要追求的目标。内训师不能光讲企业下发的课件，还必须紧贴实际，萃取个体经验；职业讲师除了讲书本知识、外来知识，更要有原创知识。在信息高度透明的时代，学员很有可能了解过或听过你讲的内容，如果你没有原创知识、独特经验，很难立足和服众。

举个例子，曾经有机构请老师为一家单位做"公文写作"培训，不承想那位老师上课的内容，竟全部来自一本公文写作书。不巧的是，受训单位刚刚组织员工学习过这本书，而且现场有学员提问，老师还答不上来。可想而知，培训结果有多"惨烈"。受训单位中止了与该机构的全部业务合作，这位老师同样被机构拉黑，讲师梦想刚刚开始，就早早结束。

你只有从个体经验出发，萃取出原创知识，才能立足讲台，拥有核心竞争力，建立差异化优势。**越普适的经验越没人在意，因为随处可得；越个体的经验价值越高，因为独一无二。**

当然，不是所有的经验都有价值、都值得萃取。企业培训不是学历教育，不能只是纸上谈兵，最终目的是要让学员将所学用到"战场"上，只有能落地的实战经验才有价值。《华为团队工作法》一书中提到，在华为，基础知识培训只占很小一部分，最主要的培训手段是任正非提出的**"训战结合、全真教学"**。

只有用全真实战经验，才能做好全真教学。那么，实战经验如何萃取呢？如图3-4所示，我总结为"全真教"三级萃取。

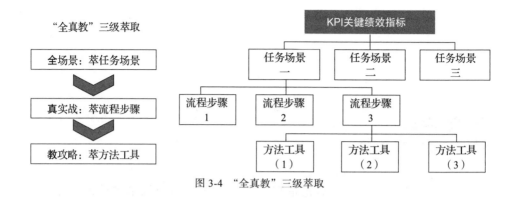

图3-4 "全真教"三级萃取

1. 全场景：萃任务场景

芬兰教育部在教育报告中提到："世界不是由领域构成的，而是由挑战构成的。"在得到App上，我看到一句特别棒的话："知识和经验不是用来写满课件的，而是用来回应真实世界的挑战的。"

因此，首先需要注意，企业操作型、高度流程化、标准化岗位知识的梳理，不需要用萃取技术，因为这些知识是ISO国际标准、IE工程技术（标准动作研究与改良）、流程优化技术等。经验萃取主要是为了应对问题，而问题的解决是有边界的。边界不一样，场景不一样，面临的问题不一样，调取的解决问题的能力不一样。

《论语》中就有这样的例子。

子路问："闻斯行诸？"

子曰："有父兄在，如之何其闻斯行之？"

冉有问："闻斯行诸？"

子曰："闻斯行之。"

公西华曰："由也问：'闻斯行诸？'子曰：'有父兄在。'求也问：'闻斯行诸？'子曰：'闻斯行之。'赤也惑，敢问。"

子曰："求也退，故进之；由也兼人，故退之。"

经验萃取不是自上而下萃取内容，而是站在学员身边，从学员视角出发，看到学员面临的真实挑战，还原真实业务场景。只有基于场景的经验，才有机会被再次激活和唤醒，嵌入业务中、运用到实战中。越是经验丰富的人，有时候越不容易把课上好，原因是丰富的经验特别容易让人以自我为中心，而忘记了学员关心的是如何将所学运用于实际场景。

例如讲"时间管理"课程，不少老师会铺陈各种方法，如四象限时间轴法、GTD（搞定）法、柳比歇夫时间管理法、番茄工作法、甘特图法、"吃掉那只青蛙"法等。但学员关心的应用场景是什么呢？应该是如何处理日常事务，如何定时完成工作，如何提高时间的产出效能。

你看，如果你不按学员的应用场景去分享经验，那么学员就无法快速迁移和运用。你只有提供针对场景的经验包，才能帮学员直接落地。

因此，经验萃取的第一步是梳理工作任务，界定学员应用场景。应用场景包含完成一个任务时的四个要素：动作对象、动作、动作时机和场所，四要素中有一个不同，场景就不相同。

想要通过萃取的经验解决实际问题，首先就得还原全部应用场景。举个例子，有内训师开发"职业化素养之内部沟通"课程，其中一部分是"如何与领导做好沟通"，PPT做了七页，内容如下：

1. 工作中你会对领导说"不"吗
2. 将自己的看法变成领导的看法
3. 认真倾听：工作时、夸奖时、批评时
4. 倾听你的领导：少讲多听、理智对待；态度认真、动作到位
5. 理解你的领导：换位思考、包容帮助、充分尊重
6. 勤加汇报、勇于担当
7. 做领导喜欢的员工：乐在工作、值得信赖、做出业绩、理解上司

大家觉得这样的内容有没有道理呢？有道理。有没有用呢？说实话，真没用！这是很多讲师在授课中出现的问题：讲了一大堆，很有道理，但没有有用的内容。为什么呢？因为没有应用场景！

后来通过交流，根据实际情况，他萃取出需要与领导沟通的四个场景：

场景一：周会工作汇报　　　　场景二：工作推进汇报

场景三：与领导偶遇时的交流　场景四：与领导出差时的相处

然后，他针对在四个场景中如何与领导做好沟通进行萃取。通过这个案例，你会发现，有些课程学员之所以感觉没什么用，很重要的一个原因是缺乏应用场景。

要想做到场景化萃取，请记住一个重要原则：**学员要在什么场景用，我们就围绕什么场景讲**。这一点对内训师来说，应该容易做到。然而，这对于职业讲师有难度，即使是通用课程，不同的企业、不同的学员群体，一定会有不同的运用边界和应用场景，所以事前的调研显得更为重要。只有了解了学员的应用场景，你的讲授才有针对性。

2. 真实战：萃流程步骤

实战课程的标志是有流程、有路径，有步骤、有路标。当挑战场景设定完毕后，紧跟的是你根据场景萃取出的流程步骤。

流程步骤的萃取，要符合两个原则：一是按照先后顺序；二是全面、不遗漏。你只有将具体的做法铺陈在时间轴上变成流程步骤，学员在运用时才知道如何行动。新手讲师在萃取经验时很容易忽略这一点。

举个例子，有内训师针对银行柜面营销中如何掌握客户信息这个场景进行经验萃取，总结如下：

1. 专业服务　2. 微笑交流　3. 适当赞美　4. 准确切入

这样的知识点缺乏流程性，便没有实操性。后来他按照实际流程，调整为：

1. 看资料　2. 听信息　3. 挖需求　4. 荐产品

再看上文"如何与领导做好沟通"的案例，针对做好工作汇报的场景，再进一步萃取流程：

如何做好周会工作汇报：

1. 会前充分准备　2. 会中认真倾听　3. 会后沟通确认

如何做好工作推进汇报：

1. 接收任务后汇报计划

2. 任务进行中汇报进度

3. 任务完成后汇报结果

经验萃取第二步的关键是萃取出流程，有流程，才有行动步骤，才能形成解决问题的路径。

3. 教攻略：萃方法工具

日本设计大师原研哉曾说："在这个世界上，我们用的东西只有两样，一个是碗，一个是棍子。"这是什么意思呢？碗是装载东西的容器，比如房子、衣柜、书橱、背包等；而棍子是解决问题的工具，比如电脑、笔、钳子、武器等。那么，一堂培训课程下来，学员是想得到一只盛满定义、原理的碗，还是一根解决问题的棍子呢？显然，学员都想要棍子！

因此，**经验萃取的关键，是把解决问题的套路，变成可交付学员的棍子，即变成具有可复制性和可传播性的方法论。**

方法论的萃取，需要我们具备深入思考和抽象提取的能力。我在读《脂砚斋重评石头记》第二十七回时，看到脂砚斋有一段点评，总结曹雪芹《红楼梦》写作技巧方法非常到位："《石头记》用截法、岔法、突然法、伏线法、由近渐远法、将繁改简法、重作轻抹法、虚敲实应法种种诸法，总在人意料之外，且不曾见一丝牵强，所谓'信手拈来无不是'是也。"你看，脂砚斋就是方法论萃取的高手。对学习过的、参与过的事情进行深入反思，总结规律，是最重要的经验萃取过程。

我们要提取成功的经验，也要总结失败的教训，记录下当年自己踩过的坑。1937年10月25日，毛主席在和英国记者贝特兰的谈话中提出"不知失败正是成功之母，从失败经验中取得了教训，即是将来胜利的基础"。前事不忘，后事之师。失败的经验，有时更有参考性，可以让人少走弯路、少踩坑。

所以，交付给学员的最佳攻略，应该包括三张清单：

（1）避坑清单：新手易错点、老手易忽视点、绝对不能犯错的关键点；

（2）方法清单：避坑方法、应对技巧、攻关窍门；

（3）工具清单：用工具做落地承接（话术、表单、模板等）。

关于知识萃取，罗振宇老师总结了三条经验："**因人而来，因变而生，对继任者讲话**。"他认为知识萃取的核心是对继任者讲话——萃取知识，不是信息归档，而是此时做此事的人写给未来要做此事的人的一份攻略。我特别认同这个观点。作为培训师，传道授业解惑，我们的继任者就是学员，我们的任务就是给他们留下一份直面挑战的实用攻略。

如果新手讲师感觉个体经验还不足，担心自己的内容和方法不能服众，还可以运用同样的步骤去萃取身边牛人、业务专家的经验。

小胡子画重点

1. 优秀的讲师，不光是知识的搬运工，更应该是经验的总结者。只有拥有原创知识，你才能立足讲台，拥有核心竞争力。
2. 个体经验三级萃取法"全真教"：**全**场景（萃任务场景）+ **真**实战（萃流程步骤）+ **教**攻略（萃方法工具）。
3. 学员要在什么场景用，我们就围绕什么场景讲。
4. 经验萃取的关键，是把解决问题的套路，变成可交付学员的棍子，变成具有可复制性和可传播性的方法论。

3.3 提炼
提炼知识晶体

美国社会心理学家、教育家大卫·库伯（David Kolb）在《体验学习：让体验成为学习和发展的源泉》一书中说："学习是一个经由经验转化，创造出知识的过程。"他提出的"库伯经验学习圈"，成为经验学习的经典理论。

如图 3-5 所示，库伯经验学习圈包含具体经验、反思观察、抽象概括、实践论证四个环节，我用 12 个字概括了一下：说经历、挖经验、巧提炼、求确认。

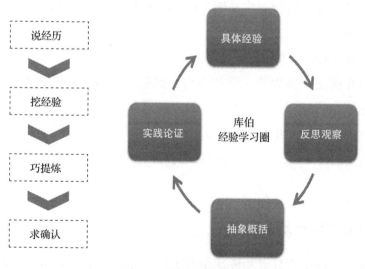

图 3-5　库伯经验学习圈

在上一节，我们主要谈了如何紧贴应用场景挖经验，接下来，我们需要对总结出来的经验进行抽象概括，这也是经验萃取的关键技术。

其实，不光是我们自己总结的经验，即使是借鉴过来的外部知识，也需要进行解构和重构。那么我们为什么需要做这个动作呢？因为它有两大作用。

1. 知识提炼两大作用

知识提炼的第一大作用是让知识简洁化，便于学员掌握。

"**没有整理过的信息，都是无效信息。易于传达的信息，才是有效信息。**"在《子弹笔记术》这本书中看到这句话时，我直拍案叫好。如果你只是把知识从书上、网上或是其他课件中，大段大段地直接搬运到PPT上，而没有经过整理，知识就都是无效信息。我们在开发课程时，不仅需要搬运知识，更需要加工知识。尤其是企业内训师，即使是讲授企业统一下发的产品知识、条款规定等现成课件，同样需要进行二度开发，对想要让学员记住的应知应会进行简化提炼，对核心要点进行加工整理，让信息易于传达，让学员易于掌握。

知识提炼的第二大作用是差异化，叫醒学员耳朵。

要想在课程中体现不一样的思想、经验，你就需要对观点进行重构、提炼，形成你的原创。即使讲的是同样的课题，你也可以讲出不一样的精彩。**同中讲出不同，叫醒学员耳朵。**

既然知识提炼如此重要，那么如何提炼呢？接下来，教你知识提炼七大技术。

2. 知识提炼七大技术

金庸笔下的全真教武功阵法中有天罡北斗阵，又称北斗七星阵。知识提炼同样有七大技术，如图3-6所示，我称之为"北斗七星提炼术"。

图 3-6 北斗七星提炼术模型

（1）排比短句

将大段文字简洁化的最简单一招，是将其归纳为排比短句，可以用于要诀、原则的提炼，以及章节的小结。

案例一：毛泽东和朱德将游击战总结为十六字诀：

敌进我退，敌驻我扰，敌疲我打，敌退我追。

案例二：温度传感器常见故障处理，有培训师提炼为：

当断则断，当连则连；当断不断，麻烦不断；当连不连，必有后患。

案例三：用户组网方案，有培训师提炼为三原则：

以用户需求为出发点，以设备性能为立足点，以丰富经验为支撑点。

（2）同字压缩

并列的几个短句中，如果其中各有一个字是相同的，按照同字总结更便于记忆。这一技术适用于产品特点优势、关键步骤的提炼萃取。

案例一：产品优势，有培训师提炼为：

冰箱三宝：保冷、保温、保鲜。

案例二：如何做好销售，有培训师提炼为：

懂产品、懂用户、懂时机。

案例三：现场装维节点控制，有培训师提炼为：

三核对：核光路、核速率、核业务。

（3）一字为师

这一技术是指，对于并列的几个观点，将每个观点用一个关键字提炼，适用于流程步骤及核心要点的萃取。

案例一：2004年2月，国防科学技术工业委员会[①]宣称"中国月球探测计划"已经进入实施阶段，将分为三步：

绕：实现环绕月球探测；

落：实现月面软着陆，展开巡视探测；

回：实现无人采样，将月壤样品采回地球。

案例二：客户拜访前的准备工作，有培训师提炼为：

搜：搜情报，做好拜访客户信息的收集工作；

定：定方案，拜访方案分主选、备选两个方案；

演：做演练，反复模拟推演拜访现场的情景。

案例三：吸收塔除雾器验收，有培训师提炼为：

平：管道支撑构建安装平直；

严：与塔接触部位密封严密；

匀：除雾器鳍片各间隙均匀。

（4）套用俗语

这一技术是指老话新说，套用大家熟悉的词语进行改编，适用于方式方法的提炼萃取，比如"全真教"三级萃取就是运用这个技术提炼的。

案例一：上门营销技巧，有培训师提炼为"走街串巷"四法：

走：走进企业（商会、协会）；

街：街边商铺（陌拜、扫街）；

串：串入园区（小微园区、工业园区）；

[①] 现已撤销，大部分职能归于中华人民共和国工业和信息化部。

巷：集群巷口（批量）。

案例二：运维光交箱监控，有培训师提炼为"断舍离"：

断：断电可用，超长待机；

舍：舍弃钥匙，远程授权；

离：离线记录，多模同步。

案例三：定活通签约业务规则，有培训师提炼为：

万：账户余额不小于万元；

万：转通知存款，万元起签；

没：没到期定期，离起息日最近的先支取；

相：定活期之间相互转存；

到：到期定期，本息自动入账。

（5）巧用数字

这是指用数字将核心观点进行串联归纳，适用于核心观点、方法、流程的提炼萃取。

案例一：口碑服务，有培训师提炼为三三一法则：

三现原则：售前展现热情，售中体现专业，售后兑现承诺；

三要标准：服务要极致，环境要精致，流程要细致；

一切以提升口碑为立足点。

案例二：如何防止电信诈骗，有银行内训师提炼为六一法则：

只要一谈到银行卡，一律挂掉；

只要一谈到中奖了，一律挂掉；

只要一谈到是公检法、税务或领导干部的，一律挂掉；

所有短信，凡是让点击链接的，一律删掉；

微信不认识的人发来的链接，一律不点；

所有170开头的电话，一律不接。

案例三：中国农业银行内训师在讲授如何做好客户服务时，将知识要点提炼为95599服务法（中国农业银行热线电话为95599）：

9："久"而不乏——耐心热情；

5："无"所不能——业务过硬；

5："无"坚不摧——坚守底线；

9：一言"九"鼎——诚信立业；

9："久久"不忘——长期维护。

（6）字母串联

字母串联是将各观点英文单词首字母进行归纳，组成容易记忆的缩写，或是将一个英文单词中的字母，拆解为各字母开头的单词。这一技术适用于核心观点、原则的提炼萃取，比如PDCA循环工作法、4P营销理论等经典理论，我们也可以运用这个方法进行自创。

案例一：著名媒体人杨澜，在她的沟通训练营中，将其中一个沟通原则提炼为1T3S：

T：Timing，时机；

S：Scene，场合；

S：Standpoint，对方的立场；

S：Sentiments，对方的情绪以及对情绪的敏感性。

案例二：手机银行优势，有培训师提炼为4S：

Save Money：省钱；

Save Time：省时；

Save Effort：省力；

Save Worry：省心。

案例三：如何进行电话邀约，有培训师提炼为3A法则：

Appease：安抚情绪；

Advantage：介绍产品优势；

Appoint：邀约。

（7）算法公式

这里不是指各类技术课程中的专业公式，而是指用算法公式，总结解决问题的关键行为动作，通过公式设计、讲解，给学员留下更直观的印象。公式中用得比较多的一般是加法、减法、乘法，在这本书的写作中，我运用了不少加法公式。

加法公式：职业讲师课程定位＝个人定位＋市场定位＋产品定位

减法公式：幸福＝可掌控的现实－不切实际的幻想－外界无价值的干扰

乘法公式：技能提升＝核心算法 × 刻意练习^2

前面提到的北斗七星提炼术，无论用于课程知识点的萃取包装，还是用于日常工作的总结，都会让你的分享与众不同，讲出你的精彩。

当然，这里还要给新手讲师交代一点，对于自己提炼出来的个性化经验，如果感觉心里没底儿，可以向别人求证确认。这也是库伯经验学习圈的最后一步：求确认。你可以主动拿给身边的牛人、专家、领导看看，请他们批评、指正、"拍砖"。

内训师需要在求证中完善，职业讲师需要在讲授中迭代。

3. 为提炼的知识建立模型

美国教育心理学家、认知心理学家杰罗姆·布鲁纳提出："从人类记忆看，除非把一件件事情放进构造好的模型里，否则很快就会忘记。"他认为，如果没有完美的结构将获得的知识关联在一起，那这些知识多半会被遗忘。

古典老师在《跃迁》一书中提出："一把散沙抓不住，一使劲儿就散了。但是如果混入水泥和石块，这些材料就能形成'结晶'，用散乱的沙子就可以建起高楼了。同理，如果知识点之间能够形成稳定的架构，知识就可以形成一种'知识晶体'。"知识从散装变成了晶体，就变得不容易磨损，强度更大，也更容易提取。

所以，在我们将知识、经验进行提炼之后，还需要将流程、步骤、法则类的要点，形象地设计为图形化模型，为知识建模，形成知识晶体，这样更方便传播，也更能让学员形成长期记忆。

那么要如何建模呢？我在这里提供两种方法：套用结构化模型、自建形象化模型。

（1）套用结构化模型

如图3-7所示，利用PPT设计中的SmartArt图形功能，根据观点的不同结构特点，选择不同布局，快速创建模型。

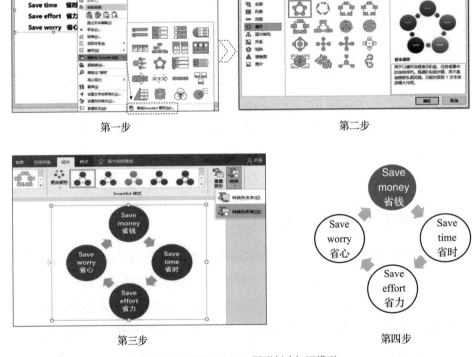

图3-7 运用SmartArt图形创建知识模型

第一步，在文本框中点击鼠标右键，在弹出窗口中点击"转换为SmartArt"，再点击"其他SmartArt图形"。

第二步，在全部SmartArt图形中，根据逻辑结构，匹配最合适的模型。

第三步，确定结构生成模型后，再点击右上角"转换"，转换为形状，以便移动和删除模型中任意一个形状,并调整其大小和颜色。

第四步,将模型中各形状,根据呈现需求进行调整。

(2)自建形象化模型

如果你的知识晶体与生活中某样事物相似、相关,那么你可以将它自行设计为形象化模型,给学员更直观化的印象。在本书每个章节中,我都为核心知识点建立了模型,其中有一些就是形象化模型,比如北斗七星提炼术模型(见图3-6)。

再举个例子,我的版权课程"磨课坊:经验萃取与课程开发"完整讲授了课程开发设计的全流程。我先用字母串联法,提炼了COURSE课程开发六个步骤,后来发现整个流程像一把刀,如图3-8所示,于是设计为小胡子COURSE课程开发"胡一刀"模型,这成为TTT培训中独一无二的打法。

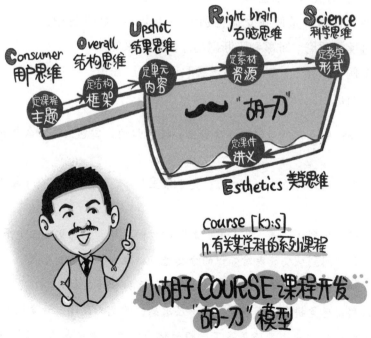

图3-8 小胡子COURSE课程开发"胡一刀"模型

采用以上两种方法建模,你的解决方案就能成为有结构化、有解释力、有记忆点的知识晶体,便于学员提取和运用。

4. 提炼能力如何提升

我们平时要如何提升自己的提炼能力呢?我在这里分享一个心法和一个动作。

(1)一个心法:琢磨推敲

琢磨,出自《诗经》:"如切如磋,如琢如磨。"切、磋、琢、磨,是古代打磨骨器、玉石的四道工序。加工骨器,切了还要磋;加工玉器,琢了还得磨。

推敲,出自唐代诗人贾岛诗句:"鸟宿池边树,僧推月下门。"这是原来的版本,但究竟用"推"还是用"敲",贾岛苦思不得解。后来韩愈建议他用"敲",有礼节又有意境。推敲推敲,便由此而来。

琢磨、推敲,是使我受益特别大的四个字。我课程中的原创知识点,都是经过反复琢磨、推敲和不断斟酌才修改出来的。

举个例子,在3.1节中,关于撷取哪些底层知识,我几易其稿,最终总结为"点石成金"四维度。

第一稿:从布卢姆知识四维度出发,进行归纳,但感觉没什么新意且专业性太强。

第二稿:想到老子"九层之台,起于累土",于是设计了倒金字塔模型,但感觉太复杂。

第三稿:想到从"道、法、术、器"四方面总结,但感觉观点平平。

第四稿:想到从安德森对知识的分类进行梳理,但感觉没亮点。

第五稿:想到"干货"这个词,于是设计了知识干货拼盘。

第六稿:感觉拼盘没有递进,缺少层次感,于是又设计出六度炮弹模型。

第七稿:感觉分六类还是多了,想简化为四度,由观点的"点"字,触发灵感，最后琢磨出"点石成金"四维度：

① 以点带面——思维层面：概念观点。
② 他山之石——规律层面：理论原则。
③ 七步成诗——行为层面：流程步骤。
④ 披沙拣金——转化层面：方法工具。

（2）一个动作：随时练笔

文字总结能力也是一门手艺，同样需要刻意练习。

如果你是企业内训师、职业经理人，我建议你通过写工作日志来练笔。每次力求有新观点、新想法。每周可以写一篇总结日志。这样，一个月有4篇，一个季度就有12篇，一年下来就能积累48篇。等到写年终总结时，还愁没有素材吗？临时安排你给员工培训时，就算时间再紧，也不愁没有好经验可以分享。

如果你是职业讲师，我建议你随时写阅读心得、培训札记、专业文章，聚沙成塔、集腋成裘。**写得少了，经验就少了，亮点也就少了；写得多了，灵感就多了，精彩也就多了。好观点，是写出来的；好文笔，是练出来的。**

小胡子画重点

1. 知识提炼两大作用，既能在课中叫醒学员耳朵，又能在课后便于学员提取。
2. 知识提炼七大技术——北斗七星提炼术：排比短句、同字压缩、一字为师、套用俗语、巧用数字、字母串联、算法公式。
3. 知识建模两大方式：套用结构化模型、自建形象化模型。
4. 提升提炼能力两大方法：琢磨推敲、随时练笔。

·本章小结·
小胡子敲黑板

"博学、审问、慎思、明辨、笃行",由孙中山先生于1924年11月11日亲笔题写,被称为"十字训词",中山大学将此作为校训,沿用至今。这十字也应该成为培训师的训词——开发好课程,同样少不了学、问、思、辨、行。

关于如何填充课程内容,这一章我们讲了三个关键词:外取、内萃、提炼。

首先要做到外取。牛顿曾经说过:"如果说我看得比别人更远些,那是因为我站在巨人的肩膀上。"想要开发的课程更好些,我们也需要站在众多巨人肩上,博学、博采。

其次要做到内萃。比拥有经验更可贵的,是能把经验倒出来。苏东坡在《石钟山记》中分析:"士大夫终不肯以小舟夜泊绝壁之下,故莫能知;而渔工水师虽知而不能言。"我们应该向苏东坡学习,既去实践能知,更能提取能言。能干会说,才是真把式。

最后要做到提炼。外取的知识要重构,内萃的经验要提炼。"言之无文,行而不远。"《左传》中这八个字,强调了观点如果没有文采,其传播不会久远。提炼能让内容更精彩,让传播更出彩。

课程好内容 = 取(外取 + 提炼)+ 萃(内萃 + 提炼),这个公式就是本章的核心。左取知识,右萃经验,好似凤凰双翼,缺一不可。身有彩凤双飞翼,课有灵犀自然通。

美化模型

让课件制作美观

第4章 04

> 工欲善其事，必先利其器。
> ——《论语·卫灵公》

孔子说，工匠要把活干好，一定要先将他的器具磨利。想要做好任何事情，都要先准备好工具、掌握好工具。课程开发也是一门手艺活，展现你手艺水平的工具便是PPT课件。

PPT是信息展示、学习交流的重要演示工具，PPT制作是当今职场一种基本技能，也是制作者综合水平的体现。每次在课堂上讲课件制作时，我都会先聊一个网上曾经热议的帖子：你见过最奇葩的被辞退原因是什么。其中有一个人评论："PPT做得太丑，配不上公司形象，建议人力评估，安排离职沟通。"原来是公司领导出去参加一个重要活动，安排一个小伙子做了一份PPT，但由于PPT实在太丑，影响了公司形象，最后导致这个小伙子被撤职，这实在太可惜了。

而作为培训师，你的课件制作水平，同样也会直接影响培训效果。精美的课件不光会给人视觉上的冲击和享受，也有利于学员对培训内容的学习和吸收。

但不少人将培训用的教学型PPT，同日常工作总结用的材料型PPT完全混淆了，全是整版的文字堆砌。材料型PPT，主要追求信息全面；而教学型PPT的受众人数多，既要让所有学员看得清楚，又要看上去美观。

那么，教学型PPT要如何设计和优化呢？这一章我们通过美化模型，按照四个关键步骤：选模板、填文字、配图表、设动画，高效制作美观课件（见图4-1）。

图4-1 美化模型

4.1 选模板
清新简约

要做好 PPT 课件，第一步是选择好的模板。模板决定了 PPT 的整体风格，好的教学型 PPT 模板，标准是四个字：清新简约。

那么，如何达到这个标准呢？记住三个关键词：清新＋大气＋统一。

1. 清新

教学型 PPT 要想做到模板清新，首先不要有花哨的底图。图 4-2 是我曾见过的 PPT，模板上有各种底图会显得凌乱和花哨，文字压在图片上也根本看不清。

图 4-2　花哨的 PPT 模板

其次不要有灰暗的底色。如果培训会场用的是电子屏，对比度比较大，那么模板底色可以为深颜色。但平时培训授课，以投影仪为主，投影幕布为白色，加上培训会场灯光影响，文字容易看不清，所以教学型 PPT 底色最好用白色。如图 4-3 所示，PPT 底色主体为白色，文字、图片更好配，学员也看得更清晰。

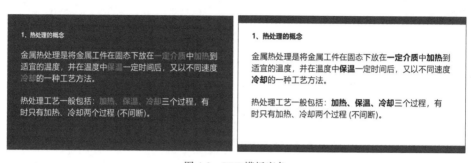

图 4-3　PPT 模板底色

2. 大气

PPT 以前的页面默认比例是 4∶3，Office 2013 之后与时俱进地变成了宽屏（16∶9），呈现效果更大气，而且现在最新的投影幕布也都是宽屏，这样更匹配。

但现在有些老师的 PPT 比例，还是老式的 4∶3，如何进行调整呢？如图 4-4 所示，打开"设计"选项卡中的"幻灯片大小"，在下拉列表中，将标准（4∶3）调整为宽屏（16∶9）即可。

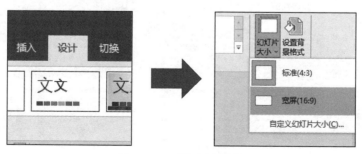

图 4-4　PPT 页面比例调整

3. 统一

教学型 PPT 要做到模板、标识、色调三统一。

一是模板统一。

内训师授课 PPT，可以直接套用公司统一 PPT 模板，不用另起炉灶、标新立异。有的公司没有统一模板，内训师做的 PPT 五花八门，建议人力资源部结合公司 LOGO 要素，设计公司 PPT 模板，做到标准化、统一化。

职业讲师授课 PPT 模板从哪里找呢？推荐上微软 Office 官方在线模板网站：www.Officeplus.cn，免费获取各类高质量 PPT 模板。

一般情况下，一个课件中不要出现几种模板，因为这一看就知道是从多个 PPT 中拼凑过来的。在模板确定后，如果要从其他 PPT 中拷贝内容，要怎么操作呢？

如图 4-5 所示，将其他 PPT 内容复制后，在你的课件左侧浏览栏，先用鼠标左键点击一下要粘贴的位置，然后点击右键，弹出"粘贴选项"。如果希望复制过来的内容与你的模板统一，那选第一项"使用目标主题"；如果想把复制的内容作为案例，保留原来的格式，那选第二项"保留源格式"。

图 4-5　复制粘贴其他 PPT 页面

二是标识统一。

企业内训师的 PPT 上需要放上企业 LOGO。虽然对职业讲师的 PPT 没有硬性要求，但我的习惯是给哪家企业培训，模板上就放哪家企业 LOGO，封面再加上培训机构的 LOGO，如图 4-6 所示。我认为这是对受训企业及培训机构的一种尊重。

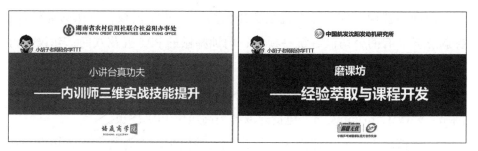

图 4-6　在 PPT 上添加受训企业和培训机构的 LOGO

那么，LOGO 要怎么加呢？我见过有老师直接把 LOGO 复制粘贴在每一页 PPT 上，劳力又劳神。最简单高效的操作方法是，通过进入幻灯片母版进行编辑。幻灯片母版是 PPT 设计的底层平台，对母版的更改将应用于所有幻灯片页面。

具体操作，如图 4-7 所示，点击"视图"选项卡，点击"幻灯片母版"按钮，进入幻灯片母版。在母版首页，将复制后的 LOGO 粘贴到相应位置，最后点击"关闭母版视图"，整个 PPT 所有页面就都统一了。

图 4-7　在幻灯片母版上粘贴 LOGO

三是色调统一。

PPT 主要用什么颜色，不要按照个人喜好随意确定。企业 LOGO 是什么颜色，PPT 主色调就采用什么颜色。到不同企业培训，我的 PPT 不光更改了企业 LOGO，甚至整体颜色也会调整。比如给国家电网培训，我的 PPT 主色调是绿色；给中国电信培训，颜色调为蓝色；给中国银行培训，颜色调为红色。

在好几次培训中都有学员说，看到我的 PPT 上有他们企业的 LOGO，而且整体颜色都是一样的，感觉很亲切，也感受到我的用心。有些职业讲师的 PPT，从来没调过，不管给哪家企业上课都是一个样。将心比心，你心不动，学员怎会心动？

小胡子画重点

1. 教学型 PPT 做到清新，模板不要有花哨底图、灰暗底色。
2. 教学型 PPT 做到大气，将模板页面比例调为宽屏（16∶9）。
3. 教学型 PPT 做到统一，需要模板、标识、色调三统一。

4.2 填文字
一目了然

当清新简约的 PPT 模板确定后，接下来就要填充文字了。教学型 PPT 在文字上的标准是：一目了然，要让学员一眼就能看得清楚。

那么，这个标准要如何实现呢？我认为，要实现这一点，需要满足三个要求：字要少 + 字要清 + 字要美。

1. 字要少

不少讲师做 PPT 时，往往把文字尽量多地堆在 PPT 上。这样会导致什么后果呢？一是字太多，学员容易看不清；二是当要讲的内容都在 PPT 上面时，学员会自己去看，不会听你讲；三是阅读文字的速度往往快于讲话速度，当学员看完了，而你还在讲时，他们会觉得你啰唆，从而不耐烦、不想听，开始走神、玩手机。

PPT 的全称是 PowerPoint 可以将其理解为 Power Point，即有力的观点。这说明在 PPT 上出现的信息应该是有力的"观点"，而不是大段的"文字"。只用观点的好处是，学员难以从简短的观点中得到完整的信息，只能听你慢慢讲。

因此，教学型 PPT 在文字方面，首先要符合两个标准：一是正文内容简洁，一页 PPT 上的文字尽量不要超过 8 行。文字多了，信息量大了，学员既吸收不了，也看不清。二是一页 PPT 要突出一个中心思想，比如不要把定义、内涵和作用，统统放在一页 PPT 上，这样做便于学员循序渐进地接收信息。

那么，我们如何对照这两个标准去优化呢？记住两个动作：拆 + 删。

（1）动作一：拆

如果 PPT 上的文字你都想保留，那么，最简单的方法是拆！一页拆成两页，两页拆成三页。一页 PPT 上的信息量适中，学员才容易吸收。PPT 多一些页面，没有任何关系，不用节省。当然，也有内训师曾经反馈，工作汇报时，领导要求 PPT 不能超过多少页。这个要求的本意，应该是提示大家不要超时，但正确的做法，是控制汇报时间，而不是控制 PPT 页数。

（2）动作二：删

第二个动作是直接删，将大段文字用最精练的词语进行概括，可以运用第 3 章分享的北斗七星提炼术，总结观点，将文字概念化。

有新手讲师可能会问，文字都精练了，但展开讲授的内容实在记不住，怎么办呢？这里教大家一个技巧：使用演示者视图。

第一步：点击 PPT 页面下方的"备注"，如图 4-8 所示，将要讲解的文字写在备注栏，PPT 页面上只留下"有力的观点"。

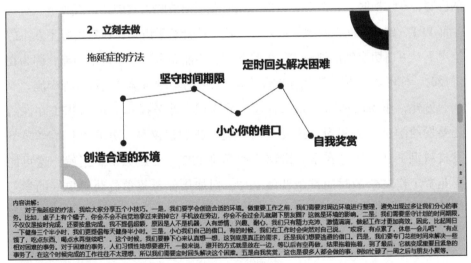

图 4-8　PPT 备注栏

第二步：点击放映后，在放映页面上单击鼠标右键，在弹出的快捷菜单中选择"显示演示者视图"命令。在进入演示者视图后，如图 4-9 所示，学员看到的只是左侧放映视图，我们看到的则是下图的屏幕布局。

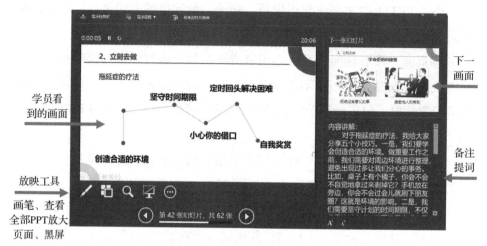

图 4-9 演示者视图

演示者视图下，我们不但能看到本页的备注提示词，还能知道下一页画面的内容，在切换时，过渡会更自然。同时左下角放映工具中，还有画笔、查看全部 PPT、放大页面以及黑屏等功能。这个适合新手讲师，在对内容不熟悉的情况下，可以切换到这种模式。但是我们也不能完全依赖于这个功能，因为在讲授时，你不能一直盯着你的电脑屏幕，必须时不时与学员进行眼神交流。

另外，作为内训师，如果有些产品知识、业务操作类培训 PPT 在课后还要发给学员回去复习，这要怎么办呢？我的建议是：分开办！给学员下发材料型 PPT，信息齐全。讲课用教学型 PPT，要点突出。当然，这可能要花费工作之余的时间重新调整 PPT，但如果你希望学员获得更好的学习体验，这些付出是值得的。

2. 字要清

教学型 PPT，要让学员看得清，其次需要注意字体和字号。

（1）字体

教学型 PPT 上的文字要用什么字体，才能让学员看得最清晰呢？如

图4-10所示,自然是最下面两种字体。内训师在公司内部培训时,建议用微软雅黑;而职业讲师如果要考虑字体版权的话,可以用阿里巴巴普惠体。

```
宋体            伟大祖国万岁
隶书            伟大祖国万岁
楷体            伟大祖国万岁
黑体            伟大祖国万岁
微软雅黑        伟大祖国万岁
阿里巴巴普惠体   伟大祖国万岁
```

图4-10　常用字体对比

(2)字号

不少讲师只顾往PPT上面堆文字,导致字号太小,学员坐在下面根本看不见。那么,PPT上文字的字号多少比较合适呢?如果培训人数为30～50人,那么字号不要小于24号字;如果超过50人,字号还要放大,确保坐在最后一排都能看得清。记住一个原则:**学员是来听课的,不是来做视力检查的!**

在标准化PPT中,每一层级文字的字号、字体,都需要统一,如图4-11所示,做到同层同体同号。

```
课程标题:32~40号,微软雅黑加粗
一级标题:28~32号,微软雅黑加粗
二级标题:24~28号,微软雅黑
内容正文:不小于24号,微软雅黑
重点要点:根据版面放大字体,微软雅黑加粗
```

图4-11　在标准化PPT中做到同层同体同号

不管是制作教学型 PPT 课件，还是制作工作总结或汇报用的材料型 PPT，如果能注意到这一点，你做出来的 PPT 会给人整齐划一的美感。

3. 字要美

教学型 PPT 文字方面的要求有三点：既要少，又要看得清，还要美观。要如何做到美观呢？我这里提供三个技巧：分段＋放大＋对齐。

（1）分段

首先，将大段文字根据断句分为若干小段落；其次，在每段前添加符号或编号，这样能有效提高学员的阅读效率。另外，每一行文字之间的行距，软件默认是 1.0 倍，但这样会显得比较拥挤。如图 4-12 所示，你可以在行距选项中，根据页面将行距调为 1.5～2 倍，这样，文字的"透气性"会更好。

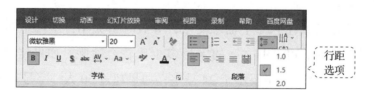

图 4-12　文字行距选项

（2）放大

要想让学员优先注意到 PPT 页面中的关键数据、概念、观点，可以运用文字突显技巧，放大、变色、加粗，让关键词突出。

如图 4-13 所示，左图 PPT 页面排版不均匀，左下角留白太多，而且关

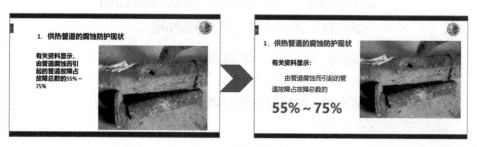

图 4-13　关键字突出

键数据不明显。右图是调整后的效果，先调整行距，再将数据放大，变为红色。

对于重点、要点以及关键信息，可以写大字。如图 4-14 所示，将左边页面中最后一排数据，拆分到下一页 PPT 上进行放大，这样给学员的视觉冲击更强烈。

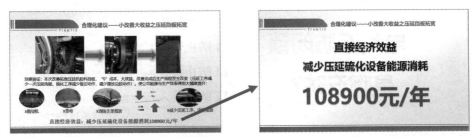

图 4-14　重点、要点以及关键信息，写大字

（3）对齐

要想让 PPT 排版美观，记住关键动作：对齐，对齐，再对齐。如图 4-15 所示，将左图中的文字，进行左右对齐、上下对齐后，看上去更加均衡、美观。

图 4-15　文字对齐

那么，要如何快速对齐呢？

如图 4-16 所示，选中需要对齐的文本框，点击"排列"选项，在下拉菜单中选择"对齐"，然后根据需要选择：左对齐、水平居中、右对齐、顶端对齐、垂直居中、底端对齐、横向分布、纵向分布。

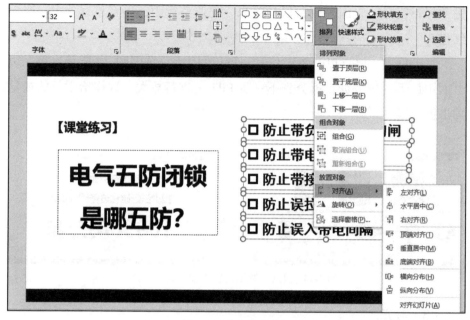

图 4-16 文本排列对齐

小胡子画重点

1. 如何让文字精简,两个动作:拆 + 删。
2. 如何让文字看得清,两个统一:字体 + 字号。
3. 如何让文字排版美观,三个动作:分段 + 放大 + 对齐。

4.3 配图表
图文并茂

好的教学型 PPT，不能光有文字，还要配上图表，做到图文并茂。**文不如字，字不如表，表不如图**。表指表格，图包括形象化的图表、图形、图片。工作汇报用的材料型 PPT，表格、图表用得比较多；而教学型 PPT，图形、图片用得比较多。在这一节中，我们主要针对图形、图片的运用进行学习。

1. 图形

"表述概念化，概念图形化"的意思是，大段文字要用概念化的文字进行提炼，概念化的观点可以用图形来呈现。那么，要如何做到图形化呢？有三种方式：套用+转化+自创。

（1）套用

将文字图形化最快捷的方式，就是直接套用图形模板，如图 4-17 所示。

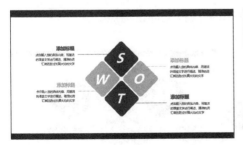 

图 4-17　概念图形化

这样的图形从哪里找呢？一方面，各类型的 PPT 模板中一般都有这样的图形，平时自己可以注意整理；另一方面，通过第三方图表制作软件工具，比如安装"iSlide""美化大师"等插件可以绘制这样的图形。

（2）转化

除了套用图形模板外，还可以通过SmartArt功能转化图形，我们在上一章讲解知识建模时有过阐述。"Smart：聪明"代表简单、自动的高效操作，"Art：图形、图片等"表示视觉呈现。除了为知识建模，在信息传播过程中，也可以运用SmartArt图形进行视觉化传递。如图4-18所示，将左图中的文字信息通过SmartArt进行图形转化后，呈现效果明显不一样。

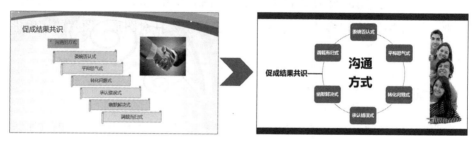

图4-18　通过SmartArt功能进行图形转化

（3）自创

最简单的图形还可以通过插入形状、填充色块来自行创建。如图4-19所示，左图是单纯的文字排版，而右图插入了两个圆形，并将关键词放置于形状内。两相对比，能明显感觉到右图更具视觉冲击力。

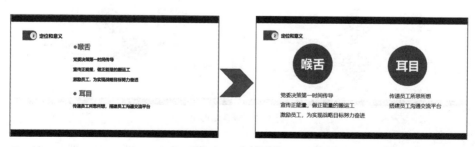

图4-19　自创图形

但在 PPT 制作中，也常见有人将大段文字全部放置于色块中，这样的页面反而看不清。如图 4-20 所示，把大段文字的底色去掉，只给关键词填充底色，页面才变得清爽、清晰。

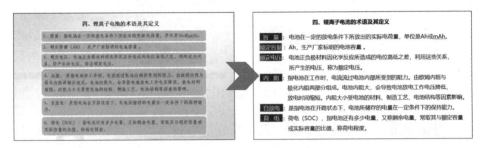

图 4-20　大段文字不宜填充色块

不管是套用、转化还是自创的图形，在颜色运用上，要切记以下四点。

一是图形的颜色最好与企业 LOGO 的颜色统一，形成连续风格，既统一又专业；二是遵循三色原则，整体不要超过三种颜色；三是图形中的字体颜色与底图呈对比色，如红底白色字、蓝底白色字、黄底黑色字；四是大段文字不要加底色，不要用彩色。一个原则：让学员看得清。

2. 图片

在教学型 PPT 的设计中，不少讲师忽视了配图。一图胜千言，好的配图，能立刻提升 PPT 的格调，给学员不一样的视觉感受。

那么，如何给你的 PPT 配上好图呢？两个动作：选好图 + 配好图。

（1）选好图

基于课件使用，什么是好的图片呢？好图有两个标准。第一个标准是切题，图片要与页面内容主题相贴合。图胜于文，学员会先看图，如果图片与内容主题不吻合，学员会产生疑惑，注意力就不集中了。

如图 4-21 所示，左边 PPT 的内容是降低经营成本，但配图是生活小窍门，明显与主题不切合。右边更换了图片，并且调整了页面排版。图片和文字结合起来后的排版关键，同样是"对齐，对齐，再对齐"。

图 4-21　配图要切题

好图的第二个标准是清晰。人在看分辨率较高的图片时会感觉比较舒服，看分辨率太低的图片则会不舒服。因此，你在选取图片时要保证它有足够的分辨率。像素低的、模糊的图片不能用；抽象的剪贴画、3D 小人图片已经过时，你也需要及时更新。建议多用高清素材图片，尤其是背景为白的图片。当 PPT 底色是白色时，配上背景为白的图片，立体感更强。如图 4-22 所示，将左边 PPT 中的抽象图片更换为高清图片后，整体呈现效果完全不一样。

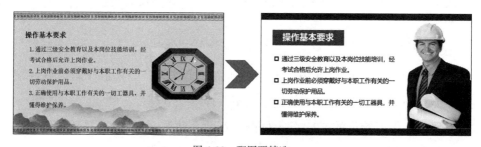

图 4-22　配图要精选

好图要从哪里找呢？内训师的 PPT 课件配图首选工作现场照片。新闻图片、知名人物图片，可以直接从百度图片搜索。高清素材图片，从图片网站搜索。职业讲师如果要考虑图片版权问题，建议到版权图片网站搜索。免费版权图片网站，推荐 www.pexels.com；付费版权图片网站，推荐摄图网 699pic.com。

（2）配好图

选择好后，在配置使用图片过程中，你也要对其进行处理剪裁。一是如果图片下方有水印，需要将水印部分剪裁掉。如果水印在图片中间，不好处理，要重新更换图片。二是根据排版需要，对其进行灵活剪裁处理。

如图 4-23 所示，左上角原来的配图不合适，如果要引用权威人物的观点，最好配上人物照片。这一页 PPT 配图，我修改了三个版本，改稿一是将图片剪裁为圆形，改稿二是抠图删去背景，改稿三是剪裁全景图。

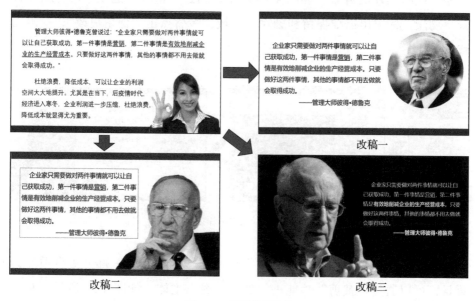

图 4-23　配图处理剪裁

图片裁剪：指通过"裁剪"功能，将图片裁为各种形状。如图 4-24 所示，想要裁剪为圆形，先在"裁剪"下拉菜单中，将"纵横比"调为 1∶1，然后在"裁剪为形状"选项中点击圆形，将图片裁剪成圆形。这种形状适用于对人物照片的处理，包括讲师自我介绍的配图。

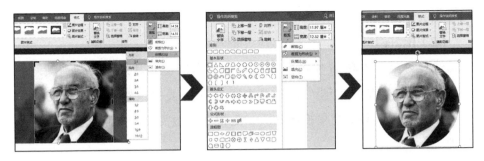

图 4-24　图片剪裁为圆形

删除背景：俗称抠图，有些图片的背景破坏了 PPT 的整体协调感，这时需要删除图片的背景。如图 4-25 所示，通过"格式"选项中的"删除背景"功能，标记出需要保留和删除的区域，最后点击"保留更改"，抠出无背景图片。

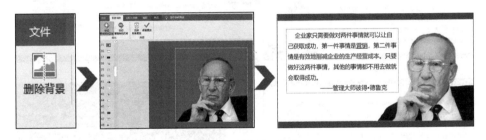

图 4-25　删除图片背景

全景图片：全景图片的使用，需要注意图片中的哪一部分更合适作为背景，可以通过"裁剪"功能进行处理，突出主体。如图 4-26 所示，在百度上找到图片，复制到 PPT 中之后，我发现右侧纯色区域适合放置文字。于是先通过"裁剪"，将左边裁剪掉，然后在"纵横比"中点击 16∶9，让图片比例与 PPT 保持一致，再将图片拉大，覆盖整个页面，最后在右侧放置文字。

图 4-26　全景图片的处理配置

这里需要注意一下，如果图片背景中没有这样的纯色区域，那就需要将文本框填充底色，再调 30% 左右的透明度，这样做既有立体层次感，又能让学员看得清。

图片的气质往往决定 PPT 的气质，你需要灵活运用以上三种常用的图片处理技巧，让 PPT 配上好图。

小胡子画重点

1. 如何将文字图形化，记住三种方式：套用 + 转化 + 自创。
2. 如何给 PPT 配上好图，记住两个动作：选好图 + 配好图。

4.4 设动画
动静相宜

教学型 PPT 不同于材料型 PPT，不能将所有知识点，全部一下呈现在页面上，不然学员会直接看，不会听你讲。要给学员留点悬念、留点思考的空间，最好的方法是设计动画，让文字逐一呈现，形成移动焦点，吸引学员注意。

那么，如何设计动画，做到动静相宜呢？有两种方法：连排动画 + 填空动画。

1. 连排动画

如果一页 PPT 上有几排文字，且内容是并列的，这时，你需要将每一排文字都设计上动画。如图 4-27 所示，选中每一排文字，点击"动画"，再选择其中一种文字出现方式。多排文字动画设计的方式，要保持一致。课件中的动画设计主要起便于讲授、促进学员消化的作用，所以不需要特别炫，更不需要多。

另外，表格中的文字、数据，如果比较多，同样需要留悬念，这可以通过设计动画搞定。先将每一格中的信息，剪切出来，形成独立的文本框，再选中文本框，逐个设计动画。

2. 填空动画

除了让文字逐排出来，你也可以通过设计填空题给学员设置悬念。填空题有以下两种设计方法。

第 4 章　美化模型：让课件制作美观

图 4-27　动画设计

一是在段落中设计填空题，将关键概念、信息留白，做成填空。如图 4-28 所示，点击"下划线"，然后在键盘上按空格键，把空格留出来。最后，将填空的答案做成独立文本框，逐一设计动画。

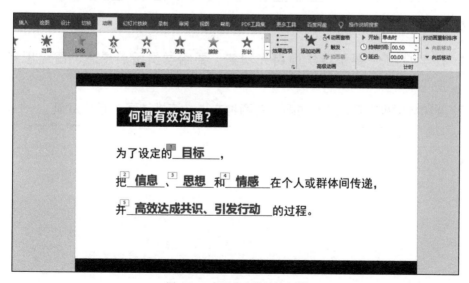

图 4-28　在段落中设计填空题

二是在完全空白处设计填空题。如图4-29所示,插入线条,放置于合适位置,再插入文本框,加入文字答案,最后给整个文本框添加动画。职业讲师设计学员版讲义,主要就是采用这种方式。

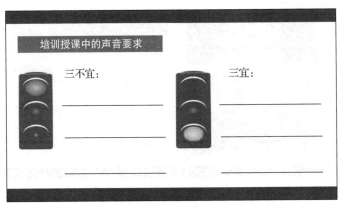

图4-29 空白处设计填空题

小胡子画重点

1. 教学型PPT要引导学员目光聚焦,要给学员留点悬念、留点思考空间。
2. 要给教学型PPT设计动画,有两种方法:连排动画+填空动画。

> 小胡子敲黑板
>
> · 本章小结 ·
>
> 经常有学员说我的 PPT 做得好看，问我在哪学的。其实没人教过我电脑操作及 PPT 制作，我都是自学的。二十多年前还在部队时，我先买了几本计算机基础知识教材看，为了练五笔打字，自己用硬纸板画了一个键盘，每天摆在桌子上练指法。后来请同学买了一台二手的台式电脑寄到部队，我在收到电脑后，花了好长时间才弄明白是怎么开机的。电脑的操作技巧，都是一点一点摸索着学会的。
>
> 之所以聊这些，是想告诉大家，PPT 制作是个手工活，没什么技巧，动手多了、做得多了，自然就熟了。在职场中，我们越来越多地需要运用 PPT 进行演示。我们都需要娴熟掌握 PPT 这个重要工具，而且从什么时候开始学都不算晚。
>
> 同时，PPT 制作水平体现了制作者的审美认知。要想做出好看的 PPT，你得提升审美水平。那么，要如何提升审美水平呢？一是多看，看好的 PPT 是怎么设计的；二是多拍，学习摄影，练习取景构图；三是多做，甚至对于同一页 PPT，你也可以采用不同的排版设计，看如何更美观。多看、多拍、多做，你的 PPT 制作能力和审美水平，必定更上一层楼。
>
> 作为培训课件的教学型 PPT，不一定要多么高大上，但至少应该做到排版美观，让学员赏心悦目。记住四步关键动作和标准：
>
> 选好模板，让 PPT 清新简约；
>
> 填好文字，让 PPT 一目了然；
>
> 配好图表，让 PPT 图文并茂；
>
> 设好动画，让 PPT 动静相宜。

第 2 步

善 导

课程教学设计

　　1996年，当代著名教育技术理论家、美国犹他州立大学教授戴维·梅里尔在《教育技术研究与开发》杂志上发表的文章中提到："教学是一门科学，教学设计是一种基于教学科学的技术，用以开发学习经验和环境，从而促进学生获得具体的知识和技能。"

　　后来，他在综合比较了11种不同教学过程的主张后，提出了五星教学：聚焦问题、激活旧知、论证新知、应用新知、融会贯通，成为教学设计中的经典理论。

　　由此，我们应该明白，教学设计是基于教学科学的技术。一堂好的培训课程，不光要有好的内容，更要有好的教学形式。成人学习，并非你讲了学员就懂了，你说了学员就会了。必须通过各环节的教学设计，才能促进学员更好地学习和转化。

　　但是不少新手讲师，尤其是企业内训师，往往重内容填充，轻形式设计。

　　物有本末，事有始终。一堂好的培训课程，从开场到结尾，要如何设计整体教学过程呢？基于五星教学的原理，我用4个字概括，就是"起承转合"，这一部分，我们将通过4个模型来阐述教学设计的4个关键环节：

　　第5章　坡道模型：让开场一鸣惊人（起）
　　第6章　讲解模型：让讲授深入浅出（承）
　　第7章　转化模型：让学习有效迁移（转）
　　第8章　峰终模型：让收结耐人寻味（合）

05 坡道模型

第 5 章　让开场一鸣惊人

> 慎始而敬终，终以不困。
> ——《左传·襄公二十五年》

上面这句话的意思是，谨慎开始做某件事情，自始至终毫不怠慢，就不会有窘迫之患。万事皆有初，欲善终，当慎始。培训之初你给学员留下的第一印象，将直接影响他们对课程的整体感受，心理学上称之为首因效应，也叫第一印象效应。记忆最深的往往是一系列事项的第一项，虽然第一印象有时可能会有偏差，但还是会牢牢地在学员脑海中留下烙印。

但不少新手讲师容易忽视培训开场，普遍存在问题是四无：

一无自我介绍，尤其是企业内训师，感觉跟同事都很熟了，没必要介绍。殊不知，这是一个让同事全面了解你的最佳机会。二无课程氛围的调动，认为时间紧、要讲的内容重要，其他都可有可无。三无学习动力的激活，忽视了不少学员其实是被动参与企业培训的这个问题，他们在没真正认识到培训的实际意义时，是没有学习动力的。四无生动的导入铺垫，很多讲师的导入不是纯文字的前言，就是直奔主题、开门见山，当学员注意力还没开始集中时，干巴枯燥的讲授只会给学员留下不好的印象。

好的培训开场，是成功的一半。那么，如何设计好的开场，拉开你培训的精彩序幕呢？

在《高效演讲：斯坦福备受欢迎的沟通课》这本书中，作者将开场称

第 5 章 坡道模型：让开场一鸣惊人 111

为**构建坡道**，强调开场要足够吸引人，听众才会停止看手机。坡道这个词很形象，所以我将激活导入的实战工具总结为坡道模型。

如图 5-1 所示，对于课程开场导入，要构建大坡道，做好四件事：建信任、调氛围、激动机、切主题。对于重要章节和关键内容的导入，要构建小坡道，做好主题的切入。

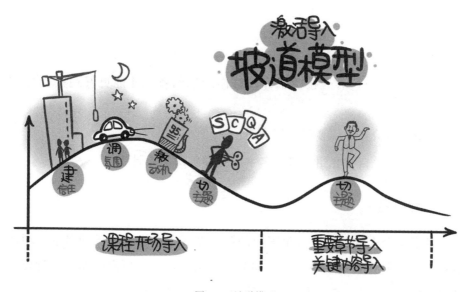

图 5-1 坡道模型

5.1 建信任
自报家门

走上讲台的第一件事，是自报家门，让学员认识你、了解你，从而建立信任。他们只有先接受了你，对你产生信赖，才能更好地接受你的观点。

好的自我介绍，需要打好组合拳：

自我介绍 = 包装名字 + 突显经历 + 设计亮点

1. 包装名字

名字是个人的象征，自报家门的第一个任务是介绍自己的名字，塑造语言名片。要让我们普通又大众的名字，给学员留下更深的印象，就要学会包装名字。那么，怎么包装呢？我教你四招小技巧。

（1）视觉式

如果名字中有生僻字、容易混淆的字、音同字不同的字的话，你可以在 PPT 上单独把那个字放大，或用白板板书说文解字。

（2）联想式

如果姓和名，与大家熟知的名人相同，可以采用名人联想关联式。比如，有位老师叫张曼琴，她上台之后的介绍如下："大家好，我叫张曼琴，我有个'大表姐'叫张曼玉，相信很多人都认识她。"同时她将自己的照片和张曼玉的照片一起放到 PPT 上，这给学员的印象很深刻。

还有一种联想是谐音联想，有位内训师叫沈琪尔，她说手机尾号和随机抽到的车牌尾数，都是72（谐音琪尔）。她讲授的课题是风险识别，课程最后的总结语为："管你七十二变，我有火眼金睛。"将名字与课题关联，更加精彩。

（3）才华式

一是借用诗词名句，比如，"大家好，我叫徐水霞，'落霞与孤鹜齐飞，秋水共长天一色'，感恩父母给我这样一个美丽的名字""大家好，我叫徐燕，'水乡落花徐独立，故里微雨燕双飞'"。

二是自编诗句顺口溜，比如，有位银行业内训师名轶君，她将名字以及工作经历结合起来总结成四句："轶事十三载，君历六支行。今于运管部，与行共成长。"这样的设计独具匠心。相信对于有才华的人，大家都会高看一眼。

（4）外号式

如果名字实在不好解释，或者重名的比较多，还可以给自己取外号、贴标签。著名经济学家、理论物理学家陈平教授在年度演讲时自我介绍："年轻的同志们，大家好！我是眉山剑客陈平。因为叫陈平的太多了，我又是眉山铁路工人出身的。"你看，眉山剑客，就是陈平教授独一无二的标签。

我培训上课时，也是用的这一招。有些学员在多年以后，不一定能叫上我的名字，但肯定能记得小胡子。

运用以上视觉式、联想式、才华式、外号式四种呈现包装技巧，相信能让你的名字在学员脑海中留下更深的印象。

在介绍过程中，还要注意两个细节：一是要自信，经常听内训师这样介绍自己"大家好，我叫王杰，父母取名时可能希望我能够成为杰出的人才，可惜辜负了他们的期望"。这种谦虚反省式介绍，只会拉低学员对你的信任。二是要简短,不用大篇幅讲你名字的由来,不增加冗余信息。介绍名字不用浓墨重彩,课程精彩,学员自然会记住你。

2. 突显经历

有人会说,名字不是关键,关键是实力。自我介绍的第二步,就是介绍你的经历。突显经历,展现实力,是为了赢得说话资格。当学员认为你经验丰富、足够专业和权威时,自然会对你产生信赖、对课程产生期待。

在介绍经历时,我们可以突出学习经历、专业资格、工作经历、取得的成绩、任职背景以及授课经历,这些都是你专业能力、授课资格的体现。

(1)工作经验

如果你历经的岗位比较多,可以用数字概括,因为大家对数字都比较敏感,会留下更深的印象。比如,有银行业内训师用1244介绍自己的工作经历:企业总经理助理1年、厅堂服务(柜员、大堂经理)2年、公司条线(客户经理、总经理助理、副总经理)4年、城区综合支行行长4年。

(2)工作经历 + 学习经历

如图5-2所示,邓一诺老师介绍自己:既有丰富的行业工作经验,又有多项专业学习经历和资格认证。

(3)工作经历 + 获奖经历 + 培训经历

如图5-3所示,余倩老师介绍自己:除了丰富的工作经历,还有国家级、省级专业教学竞赛的获奖经历。

(4)工作经历 + 工作成绩

如图5-4所示,作为企业内训师的黄卫星老师介绍自己:既有学员认可的标签,又有相关的工作成绩。

第 5 章　坡道模型：让开场一鸣惊人　115

图 5-2　邓一诺老师的自我介绍

图 5-3　余倩老师的自我介绍

图 5-4　黄卫星老师的自我介绍

（5）学习经历+工作任职背景+培训经历

如图5-5所示，互联网产品专家杨奕南老师介绍自己：企业任职经历、实战经验丰富，同时拥有首创的精品课程体系。

图5-5　杨奕南老师的自我介绍

在介绍个人经历时，我们还要注意以下三个细节。

一是不用谦虚。有的新手内训师一上台就说："第一次讲课，经验不足，准备得不充分，讲得不好，请大家多提宝贵意见。"在台上谦卑是信心不足的表现，只会让学员产生不信任感。工作中可以低调，而在讲台上需要高调。

二是有所关联。要选择与学员和课程相关联的工作背景和经历，不用提及无关的经历或个人爱好，尤其是不要贴负面标签。比如，有内训师讲"舆情管理"，介绍自己没啥特长，只爱打游戏，人送外号"坑神"。这样的介绍，既无关联，又有负面影响，只会给自己减分。

三是不用吹嘘。职业讲师不要浮夸，就算有一大堆头衔，你也不用一一介绍，不是自己说牛就行了，而是要让学员觉得你牛。同时，还有一个细节要注意：如果你与某家管理咨询公司合作，那么在PPT讲师介绍页面中，你就要将头衔加上一条"××管理咨询公司特聘培训专家"。职业素养，体现于细节。

3. 设计亮点

一般来说，重视学习的企业的员工会经常参加培训，自然听过很多老师的介绍。那么，如何在众多登场亮相中，给学员留下不一样的印象呢？这就需要设计你的亮点了。教大家两招我常用的方法：特别点 + 共鸣点。

（1）特别点

如果你能在自我介绍时巧妙提及生活、工作当中比较特殊的经历，那么你会给学员留下特别的印象。我在平时培训时，甚至把一些不一样的个人经历，设计为互动，让学员来猜是不是真的。比如，我当过兵、扛过枪、站过岗、种过菜、喂过猪、立过功。你猜这是真的吗？

（2）共鸣点

如果学员对你完全不熟悉，那么，聊一些大家都会有的生活经历，能够产生共鸣，拉近你与学员之间的距离。

自从我女儿出生后，我在课堂上的自我介绍，增添了灵动、鲜活的色彩。如图 5-6 所示，每次面对新的学员，都会提到女儿出生时我发的朋友圈：

> 丁酉季秋，良辰吉日。人到中年，今终为父。小女初生，性温良，态安详，粉雕玉琢，顾盼轻灵。随父而姓，名子兮，西子之风，归去来兮。不企红颜惊世，唯念岁岁平安。执手无须多话，从此相望年华。

图 5-6 女儿出生时，小胡子发的朋友圈

相信这样生活化的介绍，能与学员建立平等的关系，产生情感的联结。

在介绍完你的名字及经历之后，还有一个细节需要格外注意，那就是要与接下来讲授的课程内容有联结、有过渡。

举个例子，如果我将女儿作为自我介绍的结尾，那么，我会用给她取名时所想到的屈原《离骚》名句——"路漫漫其修远兮，吾将上下而求索"作为过渡。

不少新手讲师在自我介绍后，往往说"言归正传"。但是这样说，就代表你前面所讲都是不相关的闲扯。衔接自然，你的表达才能过渡自然，顺理成章。

小胡子画重点

1. 做好自我介绍，记住三大要点：包装名字 + 突显经历 + 设计亮点。
2. 做完自我介绍，记得要有过渡，而且要自然。

5.2 调氛围
破冰启航

《培训学习手册》的作者大卫·梅尔，在书中提到"以学员为中心"的学习环境要具备以下特征：

> "它是一个更加积极的学习环境。学员在教室里感受到积极的情绪：安全、融入、有成就感、鼓舞人心、愉悦等。
>
> "在这里，学员亲密合作。学员成为伙伴、组成团队，有非常多的互动、交流、分享与协作。"

根据以上特征，我们不难发现，要想营造积极的学习环境，我们在开场活动中首先要融入社交元素，让学员组建团队，成为伙伴。如果是一个小时以内的课程，因为受时间限制，所以这个环节往往被省略了。但是对于时长在两个小时以上的课程，尤其是一两天的课程，组队启航必不可少。

当人和人之间关系陌生的时候，人的注意力容易游离，不容易融入和投入，会感觉彼此之间好像有冰层。所以，培训开场往往要设计暖场破冰，只有打破冰层，才能营造轻松交流的学习环境。

那么，要如何破好冰呢？不一定做破冰游戏，因为好多游戏其实和培训主题并不相关，学员会感觉做游戏是在耽误时间。开场破冰，主要要做好两件事：分好组 + 组好队。

1. 分好组

按小组式培训，是目前企业培训最常用的模式，因为这样方便学员间讨论交流。要想分好小组，注意三个关键要素：座位、人数、方式。

（1）座位

分好组的前提，是将培训教室按小组式布置。职业讲师在开始培训前，往往会安排助教提前按岛屿式摆好课桌。但内训师授课时，学员基本上是排排坐，有的是因为桌椅不好挪动，有的是因为嫌麻烦，不愿意摆座位。如果企业的培训负责人懂学习原理，会给讲师创造最好的培训环境。比如我在沈阳鼓风机集团培训时，发现他们非常专业，培训教室直接是按小组式摆放好的，地上都贴好了线，不能随便移动。不管是外请老师上课，还是内部讲师上课，教室都是这样的布置。

如果培训时长超过半天，即使没有现成的硬件条件，也要克服困难按小组式摆好座位。将两张长方形的桌子拼在一起，两边各坐2~3个学员，可以相互看到对方，注意所有人的座椅都要面朝讲台，尽量不要背对讲师。

如果会场座位是剧场式，或是圆桌形，摆不了小组式，怎么办呢？那只能现场约定分组，比如前后相邻或左右相邻的组成小组。

（2）人数

建议5~7人一组，因为如果人数太多，会有学员掉队不参与，尤其是性格内向的学员；如果人数太少，外向型的人可能主导小组。由5~7名学员组成一个小组，可以保持小组的最大活力，在一个均衡的场合中，让内向型和外向型的人都有机会参与讨论、展示自己。

（3）方式

人员怎么分呢？原则是做到均衡，比如男女均衡、新老均衡。如果受训人数较多，这个工作要提前做好，而且要打印好学员名牌，事先摆放好。如果提前没分好，学员是随机坐的，你也可以现场分组。假如要分 6 个小组，你可以请学员从 1 到 6 报数，报同样数字的人坐在一起，这样 6 个小组就分好了。为了做到男女均衡，我通常会男女分开报数，先请女生起立报数，男生再接着报数。如果还想增加互动感，在人数不多、教室宽敞的情况下，还可以请所有人起立，在教室左右列队报数分组。比如在金牌讲师训练营中，我就请内训师站在左侧，职业讲师站在右侧，然后按照每个人的培训授课次数，从头到尾列好队。这样分好的小组中，既有内训师，又有职业讲师，既有老手，又有新手，各小组人员分配比较均衡。

2. 组好队

分好组后，接下来就要组建学习团队了，这是培训氛围开始活跃的第一个时段。这时，你需要做好三件事：彼此熟悉＋推选组长＋角色分工。

（1）彼此熟悉

学员之间越熟悉，才会越融入、越开放。要让学员彼此快速熟悉，就要借助介绍了。学员之间介绍的方式可以分为以下两种。

自我介绍式：从每个小组左手边第一位开始，轮流向本组成员介绍自己，要求每人介绍时间不超过一分钟。介绍内容可以是每个人的三个标签，或是与课题相关的个人情况。

互相介绍式：两两一对组成黄金搭档，先通过相互问话，在一分钟以内充分了解对方的个人情况。然后小组统一介绍开始后，每个人的情况都由搭档来介绍，看谁将自己的搭档介绍得最全面。这样的活动设计常常会因为意想不到的爆料，而引发学员哈哈大笑。

培训刚开始时，学员都会有所拘束，只有当笑声产生时，学员才会放松下来。此时，学员大脑会释放出一种叫作内啡肽的化学物质，这种物质会让学员拥有更加积极的情绪，以更好的状态投入学习。

（2）推选组长

火车跑得快，需要头来带。彼此初步熟悉之后，接下来要推选组长，由组长带领组员去完成培训任务。给你推荐四种推选组长的方法。

A. 选举式：请所有学员伸出大拇指，认为本组谁长得最像组长，在数到3时，就将拇指指向他。众望所归，谁得票最多，谁就是组长。

B. 笔画式：每个人算一下名字笔画，由笔画最少的担任组长。

C. 抽牌式：每人抽一张牌，由抽到点数最少的担任组长。

D. 约定式：给出一个条件，最符合条件的当组长。比如，去过的城市最多、身上衣服颜色最多、头发最长、腿最长等。

组长确定后，别忘了邀请组长上台发表就任演说，由组长来号召、鼓励组员。在这个环节中，课堂上往往又是笑声、掌声一片。

当然，不少讲师在这个环节，会让各组取组名、喊口号、用大白纸画LOGO等。这类活动一是比较耗时，二是以前使用过多，学员会没有新鲜感。这类活动多用于以下情形：新员工培训；或是将画好LOGO的大白纸张贴在墙上，变成各组的学习园地，更新每天的学习感悟。

（3）角色分工

不少讲师在组建团队时，往往只是选组长，而其他组员会感觉自己可有可无。如何让所有组员更好地参与进来呢？教大家一招：角色分工。

选好组长之后，我会让各组再分别选举产生学习委员、宣传委员、生活委员、文娱委员、体育委员等。可以毛遂自荐，也可以由组长指定。如果小组人数多，还有成员没有分配到角色，我会说一句："没有职务的请举手！好，你们统统担任组长秘书！"课堂上又是笑声一片。

分工之后，我会让大家把各自的职务写在名牌上面，同时把微信群里面的名字改为：组名＋职务＋姓名，加强学员的角色意识。另外，在授课过程中，但凡有互动、讨论、练习环节，我会指定由各小组某委员负责组织和发言。总之，要做到人人有分工、人人有责任、人人有参与。

小胡子画重点

1. 破冰启航组建团队,时间把控好,10分钟左右可以完成。对于 2 小时以上的课程,都不要忽视、省略这个环节,课堂氛围的星星之火,将由之燎原。
2. 开场破冰,主要做好两件事:分好组 + 组好队。

5.3 激动机
调动动力

学习动机是影响学习行为的重要因素，是学习过程中不可缺少的条件。学习动机与学习效果也是一致的：动机强，效果就好；动机弱，效果就差。

成人学习，目的性特别强。而企业培训，不少人是被动学习的，有的是领导指派来参加的，有的甚至是替别人来上课的。为了培训而来培训，自然会在很大程度上影响他们的学习动力。**只有激发学习动机，才能调动学员的学习动力**。培训伊始，激发学员的学习动机和兴趣是不容忽视的任务。

学习动机的基本成分包括学习需要和学习期待，所以，激发学习动机可以分解为两个动作：激发学习需要和激发学习期待。那么，具体该怎么做呢？有效方法是对应的两招：痛点刺激 + 正向激励。

1. 痛点刺激

学习需要是个体在学习活动中感到缺乏、不平衡，而力求获得满足的心理状态。激发学习需要的方法，就是痛点刺激，即让学员感到缺乏的痛。

具体做法有两种。一是**点出差距**，即将学员实际工作中的行为或结果作为案例，让学员看到差距和问题所在。人有四种认知状态：不知道自己不知道、知道自己不知道、知道自己知道、不知道自己知道。其实不少人处于第一种低海拔认知，仿佛置身山谷，不知道自己不知道。其实，不知道问题才是最大的问题。作为讲师,我们的责任是提升学员的认知海拔,让他们知道自己不知道,刺激他们的学习需要。二是**点明后果**,即通过真实、贴切的案例,说明不学习、没做到位的后果,让学员直面损失的痛苦。

人类行为有两种原动力:逃避痛苦和追求快乐,而且经研究分析,逃避痛苦的力量往往大于追求快乐。如何让一个人在 3 分钟内,从 29 楼跑到 1 楼?发大红包不一定能做到。但在地震发生,大楼产生摇晃时,我的一位同事从 29 楼冲到 1 楼,花了不到 3 分钟。

所以,要想激发动机,先刺激痛点,这样更容易驱动行动。

2. 正向激励

学习动机除了学习需要,还包括学习期待。学习期待,是个体对学习活动所要达到目标的主观意向。主观意向越强烈,学习动力就越强烈。要让学员产生主观意向,就需要通过正向激励赋予学员前进的目标。

如何对学员进行正向激励呢?有三种方式:一是**用权威说话**,即引用权威人士的观点进行论证;二是**用数据说话**,即引用改善后取得的成效数据进行论证;三是**用榜样说话**,即通过展示身边案例,让学员看到学习之后、行动之后的成果和收益。

当然,有些课程不一定能立刻看到直接收益,那么,你可以延伸下,谈间接好处。比如,我在给企业做 TTT 内训师培训时,便是通过真实案例谈课程的延伸价值的:内训师通过系统学习,可以提升个人综合表达能力和职场竞争力。如图 5-7 所示,我在课件中引用了培训后学员的微信留言。左边一位是 90 后小伙伴成功竞聘银行支行行长,右边一位是两个孩子的妈妈成功走上管理岗位。

以上痛点刺激和正向激励,主要是告诉学员 8 个字:**与你相关,对你有用**。同时还可以通过互动环节,让学员自己说出来,而不是被告知,这样,学员会更加认可,从而激发内在动机,从旁观者变为参与者。

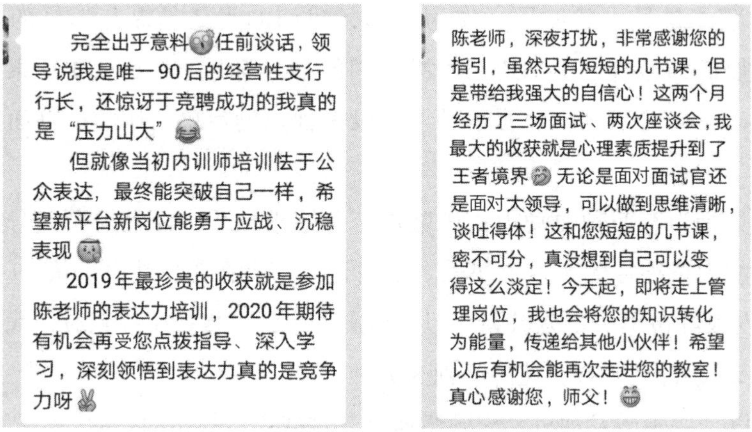

图 5-7　TTT 培训后学员微信留言

小胡子画重点

1. 只有激发了学习动机，才有学习动力。
2. 激发学习动机 = 痛点刺激（点出差距、点明后果）+ 正向激励（用权威说话、用数据说话、用榜样说话）。

5.4 切主题
过渡自然

在自报家门、破冰启航、调动动力之后,课程开场来到了最后一步——自然过渡,即切入主题,引出课程目录。

所有的开场设计,都是为课程主题服务的。那么,如何更好地切入主题呢?如果你看过麦肯锡咨询顾问芭芭拉·明托写的《金字塔原理》,肯定知道书中介绍的一个非常实用的结构工具:SCQA 模型。

SCQA = 情景 S(Situation)+ 冲突 C(Complication)+ 问题 Q(Question)+ 回答 A(Answer)

SCQA 模型的应用场景非常广泛,可以用在广告文案、说服沟通、演讲及培训开场。相信大家都听过一个经典广告,它有四句广告词,正好对应四个要素:

"得了灰指甲(情景),一个传染俩(冲突),要问怎么办(问题),马上用亮甲(回答)!"

那么,SCQA 模型如何应用于开场时激活导入呢?同样可以从以下四个要素出发。

1. 情景 S(Situation)

先从大家熟悉的情景引入,这个情景可以是与课程内容直接相关的,也可以是生活化的。但情景描述的方式必须是视觉化的,最忌讳通篇文字。如图 5-8 所示的理性化、前言式开场,一是会让学员的注意力溜走,二是会给学员留下不好的第一印象：课程将会是相当枯燥的。

图 5-8　理性化、前言式开场

那么，如何抓住学员注意，视觉化地呈现情景呢？有五个常用招式：

（1）图片式：插入具有冲击性的图片、照片；

（2）新闻式：讲述刚发生不久的与课题相关的一则新闻；

（3）视频式：插入与课题相关的视频片段；

（4）故事式：用讲故事的方式，有画面感地再现情景；

（5）道具式：准备一个与情景相关的道具，更能锁定学员注意。

2. 冲突 C（Complication）

理想很丰满，现实很骨感，通过情景引出主题后，接下来你要说明大家的需求所在、问题所在和冲突所在。而这些需求、问题和冲突，是可以通过培训解决的。具体冲突点，可在 PPT 上展示，也可直接讲述。

3. 问题 Q（Question）

面对上述矛盾和冲突，该如何解决呢？如果时间允许的话，你可以与学员互动，例如向学员提问，甚至可以让小组进行讨论。如果时间紧张，就将问题直接作为一个设问，自然而然地引出最后的回答。

4. 回答 A（Answer）

"想要解决上述矛盾和冲突，欢迎大家走进今天的培训。通过接下来的系统学习，相信我们能找到答案。"

最后，用这样的话顺理成章地引出课程说明、教学目标及课程目录。学员进入课程时，需要知道学习旅程是如何规划和展开的，只有了解了课程"全景图"，学习起来才更有掌控感。

SCQA模型其实不光可以用在整个培训课程的开场，也可以灵活运用于课程中各章节的开场和关键知识点的激活导入。举个例子，图5-9展示的是一位内训师在讲授一个知识点时，运用SCQA模型进行导入的场景：

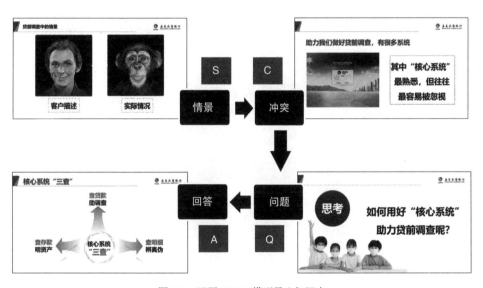

图 5-9　运用 SCQA 模型导入知识点

看似风轻云淡的激活导入背后，其实有严谨的逻辑结构和科学的表达方式。

小胡子画重点

1. 激活导入,是课程开场中最不可或缺的环节。
2. 激活导入工具 SCQA 模型,四个关键要素 = 情景 + 冲突 + 问题 + 回答。

小胡子敲黑板

本章小结

不少讲师在培训时，为了节省时间，往往直奔主题、开门见山。殊不知，学员刚坐到教室时都在想各种事情，人在课堂中，心游课堂外。

所以，**开场的关键是吸引学员注意**。而开场四件事，从自报家门、破冰启航、调动动力到过渡自然，每个步骤的核心目的，都是调动、吸引、钩住学员的注意力。

不管课时有多紧张，我们都要设计好开场活动。通常来讲，开场用时可以占到课时的 1/10 以内。比如课时为 30 分钟，可用 2～3 分钟开场；课时为 1.5～2 小时，可用 5～8 分钟开场；课时为半天或一天，可用 10～20 分钟开场。

课程时间越长，越需要在开场下足功夫。我平时培训有不少学员表示，本来是过来"打酱油"的，听了开场后，才庆幸自己参加了培训，才明白接下来需要好好学习。

好的培训开场，是成功的一半。什么是好的培训开场呢？充分调动学员的认知脑、行为脑和情感脑，让学员放松，让学员融入，让学员信任，让学员期待！

最终让学员做好准备，全身心投入学习！

06 讲解模型
第 6 章　让讲授深入浅出

言近而指远者，善言也。

——《孟子·尽心下》

什么是善讲、会讲，孟子给出的标准是："言语浅近，而含义深远。"这就是我们常说的，深入浅出。据宋人《墨客挥犀》记载，白居易写诗，都要念给不识字的老太太听，以其听懂为原则。

爱因斯坦说过："如果你不能以简单的方式解释一样事物，说明你并没有真正理解它。"在培训中，不时蹦出一堆新词让人听不懂的，往往是装出来的专家。真正的高手，会深刻理解所讲内容，然后以最浅显的方式呈现出来。

著名经济学者薛兆丰在《求学鉴赏力》演讲中说：

"传统教科书里各种刁钻的需求曲线的画法，包括马歇尔需求曲线、希克斯需求曲线、斯拉斯基需求曲线，都被我简化了，因为它们根本不重要。我从来没有见过，任何一个能够熟练地画出这些曲线的经济学家，靠这样的手艺来解决他们真实生活中的具体问题。

"我们不缺信息，也不缺聪明，甚至不缺勤奋，我们缺的是选择能力，缺的是判断能力，缺的是求学鉴赏力。"

想要成为好的讲师，你需要拥有选择能力、判断能力。我发现，**越是优秀的老师，越有对立思维**。他们能感受到学员的知识盲区，预判到学员可能听不懂某些知识点，于是力求简化，使其明白。

对于课程内容讲解，我们要遵循一个原则：**深入在己，浅出给人**。

这要如何做到呢？如图 6-1 所示，在本章中，我将通过讲解模型，分享三种教学方式：一是形象化教学，降维讲解；二是案例化教学，同维讲解；三是视觉化教学，全维讲解。

图 6-1　讲解模型

6.1 降维讲解
形象化教学

银行理财培训师在财富沙龙上给客户讲解理财产品，滔滔不绝大谈跨资产类别配置、市场轮动、平滑成本时，发现听众一脸茫然。

通信行业培训师在讲解网络传输线路、分布式拒绝服务攻击、云堤时，觉得大家应该都能听懂，却发现学员一脸困惑。

以上场景，在日常培训中比比皆是。我曾给一家研究院培训，在调研中他们反馈：内部讲师在给用户培训产品时，曾经被投诉。这是为什么呢？原来是用户反映听不懂。为什么在你看来浅显易懂的内容，学员就难以理解呢？这是因为我们遇到了知识诅咒。

1. 传播挑战：知识诅咒

什么是知识诅咒呢？就是在我们知道了某项知识或者信息后，想象不到、不了解这个知识的人是怎么想的。就像被诅咒一样，让你很难再从不具备这项知识的角度考虑问题。那么，为什么会产生知识诅咒呢？

第一个原因是，很多人真的不知道。

你以为某些属于常识的知识，其实依然有很大一部分人不知道。《知识的错觉》这本书提到，知识通常存在于三个地方，一个是自己的脑子里，一个是别人的脑子里，还有一个，也是绝大部分知识存在的地方，即外界环境中。人脑能储存的信息有多少呢？其实非常少。认知科学家托马斯·兰道尔曾做过一个实验，最后计算出人脑的记忆存储量还不到1GB，少得微不足道。

伴随着信息化时代搜索引擎的出现，当人们觉得知识唾手可得、随时可查时，除了应付考试，还会费老大劲记忆知识和信息吗？最后的结果是，大脑会慢慢遗忘那些能在网上找到的信息。

第二个原因是，你以为学习很简单。

你所了解的知识、掌握的技能，都建立在多年同一领域工作的基础上，经过了长年累月的反复接触、实践。一件事情做多了，你自然而然会认为它很简单。但是你忽视了一个问题——学员并不具备这样的积累。

从神经科学的角度看，经过长时间的学习，人脑的组织结构会发生改变。而且大脑不会记录改变之前的状态和改变的过程（因为如果要记录，信息量太大，大脑无法负担），只会保留改变之后的状态。所以说，在你熟知了某些知识后，很难还会记得学习它是多么不容易，通常会低估之前学习时的困难，导致不能准确评估学员的接受程度，即你被你所掌握的知识"诅咒"了。

所以，物理学家、哈佛大学教育学家埃里克·马祖尔认为，对某事了解得越多，把它教授给其他人的难度就越大。

在了解到这个原理后，我才明白学开车时，为什么教练训起人来会那么凶。作为一名老司机，在他看来开车这件事实在太简单了。他已经很难想象，不会开车是一种什么状况。

以上两点原因导致在知识传播中很容易产生知识诅咒。在信息论中，信息通路通畅的前提是发送信息和接收信息两端相匹配。而实际情况是：学员听得懂你说的每一个字，但就是不知道什么意思。鸡同鸭讲，信息不匹配，知识就无法传播。那么，如何才能破除知识诅咒，确保传播通畅呢？

2.破除诅咒：降维讲解

科幻小说《三体》中，有一个词叫降维打击，意思是把攻击目标所处的空间维度降低，从而轻松将其毁灭。现在云计算、大数据、人工智能等信息技术快速发展，对传统商业模式就是一种"降维打击"。

在知识讲解中，我们也需要降维，当然不是降维打击，而是降维联结。

学员的旧有认知水平就好比是在一楼，而新知识是在二楼、三楼，如何能让学员更上一层楼呢？总不能让学员自己飞身上楼吧？需要有路径、有借助。这里的降维是指降低层级、降低讲解维度，你得先下到一楼，从学员熟悉的旧有知识入手，在旧知与新知的楼层间搭台阶、架梯子，让学员可以循序渐进、拾级而上。

戴维·梅里尔教授在五星教学中将这个动作叫作激活旧知。他指出："只有当学习者的原有相关旧经验被激活，引导学习者依据原有的相关经验并将其作为新知识的基础来回忆、联系、说明或应用知识时，才能够促进学习者的学习。"

知识的学习过程，其实是一个将外部知识（自己不懂的知识）与自己已经掌握的知识建立联结的过程。所以，我们在讲解重要知识点时，要先唤起学员大脑中已有的记忆，把学员对这个知识点的储备或经验调动出来。而当我们并不清楚学员究竟有哪些旧知，或者学员是"小白"，对这个领域完全没有旧知可以激活时，最好的方式就是运用大家生活中都熟悉的事物、场景进行形象化教学。

《行为设计学：让创意更有黏性》的作者在书中提到："天生具有黏性的观点都不乏具体形象，就像装满冰块的浴缸和藏了刀片的苹果，因为我们的大脑总是乐于记住具体的事物。信息具体化，是确保每一位对象都能真正接收到同等观点的唯一办法。"

那么，如何做到具体化、形象化呢？有两个关键手法：打比方＋做类比。

（1）打比方

打比方，是利用两种不同事物之间的相似之处做比较，以突出事物的特点，增强讲解的形象性和生动性的说明方法。

打比方的"祖师爷"是谁呢？我认为是老子，他在《道德经》中的讲话方式就是打比方。比如说，"善"相当抽象吧，老子怎么讲解呢？他说"上善若水"，即最高尚的品德和善行，像水一样。再比如，怎么治理一个国家，这么大的问题怎么讲呀？他又打比方"治大国，若烹小鲜"，说治理大国就像烹调美味的小菜一样。这就是老子讲道理的典型方式，不是下定义，而是打比方。

那么，如何打好一个比方呢？通常需要以下三个步骤：

第一步，找出要讲解的新事物、新知的本质；

第二步，匹配有相同本质的、大家熟悉的、直观的事物；

第三步，用这个熟悉的旧知，解释新知。

打比方的能力，其实就是知识迁移的能力，你只要同时理解了两件事物相关联的本质，就能打出精妙的比方。比如，讲解授权管理，授权的本质是什么呢？是要放手，但能放也要能收。那么本质相同、大家又熟悉的事物有什么呢？有讲师想到了风筝，说授权就像放风筝，下属能力强，线就放一放；下属能力弱，线就要收一收。用放风筝来比喻授权，就非常恰当。

再举个例子，如图 6-2 所示，这是国家电网一位内训师在讲授变压器分类时，用生活中三件事物打的比方，生动又形象。

图 6-2　变压器分类连连看

（2）做类比

类比，是根据两个事物某些相似的性质，推断它们在其他性质上也有可能相似的一种推理形式。

在知识讲解中做类比，包括两种形式：生活场景类比+生活概念类比。

一是生活场景类比。

每个人都有自己熟悉的生活场景，听到和自己的生活场景类似的内容，会更容易理解。在专业培训中，当我们想直接讲理论、说道理时，不妨想想生活中是否有类似的场景，根据学员的背景，巧妙地通过生活化类比讲出来。

如图6-3所示，将资产配置与足球队类比，这就是专业问题生活化。

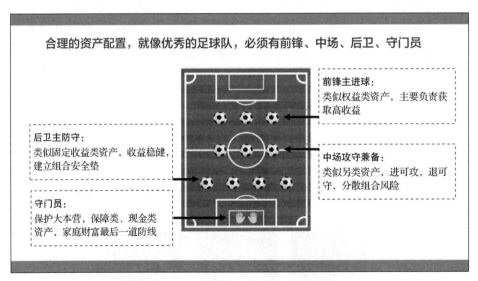

图6-3 资产配置像足球队

在用生活场景进行类比的过程中，需要注意类比要合乎逻辑，两个事物之间的本质或逻辑关系要相同、类似，要做合理的延伸。

举个例子，如图6-4所示，有讲师在讲授柯氏四级评估时，用恋爱、旅游去类比评估的四个层级，明显牵强附会，反而会让学员更加困惑。

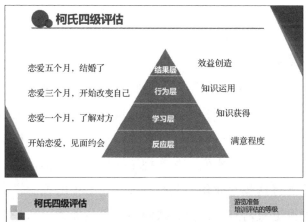

图 6-4　不合理的类比

而如图 6-5 所示，用孩子参加英语学习班的经历，去类比四级评估，这个类比就很合理、恰当且贴切，让人信服又好理解。

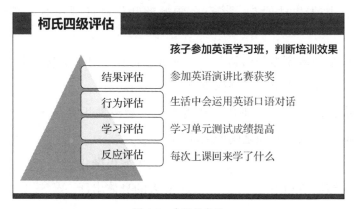

图 6-5　合理的类比

由此可见，类比不只是为了生动形象、亲切自然，它更是我们传递思想的重要工具，需要准确和贴切。

二是生活概念类比。

谷歌前高级资深研究员、腾讯原副总裁吴军在《硅谷来信》第二季《谷歌方法论》中说到，绝大部分专业人士在讲与自己专业有关的问题时都讲不清楚，如果对方不是自己的同事或者本专业的人，就更讲不清楚了。原因是什么呢？他认为是专家们虽然掌握了一些本专业的概念、术语和物理单位，但是缺乏将这些专业化的东西对等到生活中的概念、术语和物理单位的能力。说得更直白点，他们欠缺的不是表达能力，而是将专业概念对等到生活概念的能力。

吴军举了一个例子：空客 A380 飞机每一个发动机的推力都有 310 千牛顿。如果你这样直接讲，除非学员是学习发动机或相关专业的，否则他肯定会一头雾水。尽管初中物理学过力学的基本单位是牛顿，1 千克的力约等于 9.8 牛顿，但是生活中没有人知道 1 牛顿的力有多大。因此，什么牛顿、千牛顿，这种话说了等于白说。那么，高手会怎么说呢？会将专业概念对等到生活概念，会用 500 个壮汉拔河时的力量，来解释一台喷气发动机的推力。一个壮汉的力量，才是听众能理解的。

因此，一个合格的专业讲师，不仅要有自己领域的知识，还要懂得将专业概念类比为生活概念，将自己领域的知识翻译成所有人都听得懂的语言。

如果你是技术型专家级讲师，不光要会浅层类比，还要懂得深层类比，高手要善于发现两个很不一样的事物之间的相同点。

在《成长的边界》一书中，作者大卫·爱泼斯坦列举了一个深层类比案例，你能看出以下 6 项之间的关联吗？

1. 经济泡沫　　　　　　2. 北极冰川融化
3. 美联储调节利率　　　4. 人的身体出汗

5. 不同的商品相继涨价　　　　6. 大脑指挥身体做动作

事实上，1 和 2 都是正反馈现象（买东西的人越多，经济越好，经济越好，买东西的人越多；冰川越融化，吸收阳光越多，吸收阳光越多，冰川越融化），3 和 4 都是负反馈现象（美联储加息防止经济过热；皮肤出汗防止身体过热），5 和 6 都是连锁信号传递（石油涨价导致日用品涨价；大脑神经信号传递到四肢）。

你看，几个毫不相关的事物之间，竟然具备深层次的相似。如何能建立深层类比思维呢？方法是成为通才，跨领域学习、跨领域思考、跨领域类比。

研究发现，随着互联网时代的发展，信息获取越来越容易，社会对专注于单一领域的人才需求下降，对同时涉猎几个领域的复合型人才，也就是通才的需求上升。通才具备广泛融合各类知识并迁移知识的能力，即能够富有创造性地把各种知识应用于新的领域。

当然，多领域学习并不一定要学习专业知识，也可以发展业余爱好。学术水平越高的科学家，越有可能在学术工作之外发展业余爱好。据统计，诺贝尔奖得主有诸如演戏、跳舞或变魔术之类爱好的可能性，比一般科研工作者要高 22 倍。

我们要**坚持把一只脚踏出自己的世界外，多跨界尝试**。如果你是培训师中最会画画的、最会写字的、最爱唱歌的、最会摄影的、最会健身的、最懂养生的、最懂育儿的、最会阅读的、最会写作的、最喜欢美食的、最喜欢收藏的……相信你的课程，必定有不一样的色彩和趣味。

最后，再强调一下，要想向学员解释清楚某个概念，避免无用的准确，破除知识诅咒，降维讲解是一剂良方。讲师要降低学员直接理解新知的认知负荷，运用打比方和做类比，进行形象化教学。

我们要通过形象化教学激活旧知，为学员理解新知打下基础。而新知被理解的标志是它和旧知被牢牢地编织、联结在一起，新知和旧知联结的维度越多，日后被提取出来的可能性就越大。

小胡子画重点

1. 由于讲授者与学员之间的信息两端不匹配，认知维度不一样，所以培训中很容易产生知识诅咒，这将导致学员听不懂。
2. 破除知识诅咒的良方是降维讲解，即激活旧知，运用形象化教学，用简单易懂、熟悉的东西替换复杂的东西。
3. 形象化教学的两大手法：打比方 + 做类比。

6.2 同维讲解
案例化教学

不少新手讲师，在知识讲解中，因为手头缺乏好的素材、事例，所以习惯性地用道理讲道理，让学员听起来感觉很枯燥。通过降维讲解激活旧知后，接下来在讲授新知时，需要通过案例化教学论证新知。只有对新知进行说明、论证，将学员认知与新知拉到同一维度，才能促进学员的理解、消化。

1. 案例的作用和价值

案例在课程讲授中的作用和价值，主要有以下两大点。

一是让表达更有说服力。一个典型的事例胜过千万句空洞的说教，摆事实才能讲清楚道理。确切真实的案例，往往是论证观点最有力的材料，鲁迅所言"事实胜于雄辩"就是这个道理。

二是让表达更有吸引力。**告诉学员 100 个道理，不如给他一个故事。** 案例往往具有故事性，有画面感，有冲突悬念，是抓住学员注意力的关键。如果说内容和干货好比是食材，那么案例就是必不可少的调料。

2. 案例的两大种类

根据案例与学员的相关紧密程度，可以将案例分为两大类：关联性案例 + 延展性案例。

（1）关联性案例

关联性案例，是指与学员工作场景密切相关的案例。在哪里用，就从哪里学。学习科学的大量研究表明，人的学习受到场景制约或促进，成人的最佳学习方式是在场景中学习。《心智、脑与教育：教育神经科学对课堂教学的启示》一书的作者特别强调：

"如果他们感觉所学知识与他们自身没有任何联系，那么他们所学的内容似乎没有任何情绪上的意义。即使他们能够完整地复核所学的事实性知识，后者也不会影响他们的决策和行为。"

所以，只有熟悉的工作场景、熟知的任务背景，才有利于学员对知识点的理解、迁移和运用。为什么有些职业讲师到企业授课时，学员反馈他讲的内容不接地气呢？其中很大一部分原因是，这个老师引用的案例跟学员没关联。**通过关联性案例，将知识与学员应用场景绑定，是让课程接地气的关键。**

关联性案例又可分为：行业案例、身边案例、自身案例。

行业案例。职业讲师在给企业培训时，不一定能有学员身边的案例，但至少需要多引用该企业所属行业的案例。我曾经听一位老师给银行业内训师讲案例开发线上课程，面对银行业学员，他却花了大把时间，讲一个工厂采购的案例是如何开发的。这样跨行业的案例，对学员来说是陌生的，很难让他们产生共鸣。

所以平时我在培训备课时，会花不少时间去更换案例，尽量配置受训单位所属行业的案例。

身边案例。相比于行业案例，学员身边发生的案例，更有贴切性。与其讲那些太遥远的故事，不如多讲身边人的故事案例。

尤其是企业内训师，在培训中多将身边人作为案例，还能让你在团队中人缘更好。在马斯洛需求层次理论中，自我实现是最高层次的需求，得到别人的认同，便是个人价值的体现。如果在培训中，你能将身边人作为榜样去宣扬，那么这对他来说将是巨大的激励。你激励的人越多，认同你的人也会越多。在培训中多讲身边优秀同事的案例、标杆人物的故事，我相信你将成为团队中最受欢迎的人。

自身案例。我们在授课中，不但要有身边人的案例，更要有自己的亲身经历。

一方面，自身案例最有说服力。身教重于言传，虽然确实有人会按照你说的去做，但更多的人会按照你做的去做。**自己先做起来，不是劝导他人的重要途径，而是唯一途径。**

好的讲师在课程中要学会现身说法，做表率。讲团队管理时，你可以讲自己是如何管理团队的；讲客户服务时，你可以讲自己是如何服务客户的；讲情绪管理时，你可以讲自己是如何调整情绪的；讲时间管理时，你可以讲自己是如何管理好时间的。要求别人做到什么，自己要先做到，这就是示范教学。武学的最高境界是人剑合一，课程的最高境界是人课合一。**做自己所说的，说自己所做的，才能更好地带动、激励和影响人。**

另一方面，有故事你才真实，才容易走进别人心里。如果你不能把知识跟你的经历结合起来，那么知识就不是你的。只有将自己所思、所想、所经历的融入课程，才能让讲授真正活起来，而不是死板地念PPT。一个有故事的讲师，才是学员心目中有温度、有血有肉的人。

总的来说，行业案例、身边案例、自身案例三种关联性案例，是一门课程中排在首要位置的不可或缺的调料。**只有把知识放在学员熟悉的情景中、放在学员身边的案例中，你的课程才与学员相关联，才接地气。**

（2）延展性案例

除了关联性案例之外，为了增加素材的丰富程度，课程中还可以补充延展性案例，即与之相关的延伸的案例。

延展性案例，包括时事案例、名人案例、文史案例、影视案例四类。

时事案例，即最新发生的新闻热点。如果你能将它第一时间放到课程中，会让学员有耳目一新的感觉。与时俱进，是让你的课程永葆新鲜感的关键。

名人案例，自带名人效应、权威效应，既会让学员有熟悉感，又会让观点更有说服力。盘点一下，在我的 TTT 课程中，有李敖、窦文涛、罗永浩、罗振宇、任正非、张瑞敏、董明珠、王健林、李彦宏、雷军、胡歌、成龙、张靓颖、六小龄童、莫言、金一南、董卿等各界名人的案例。

文史案例，例如文学经典、历史逸事等，也都可以成为培训中的好调料。我在 TTT 课程中，就会提到《易经》《论语》《传习录》《红楼梦》等经典。好的课程，不是就事论事，而是旁征博引。

影视案例，热门的电视节目、经典的影视剧片段，同样是培训课程中常用的素材。比如《三国演义》《亮剑》《士兵突击》《人民的名义》等电视剧中的片段，在很多培训课程中都被作为案例引用。我在培训中，还引用了不少电视栏目中的片段，如《百家讲坛》《开讲啦》《超级演说家》《舌尖上的中国》《一堂好课》等。

以上延展性的案例素材，其实并不用多，它们就好比鸡精，只需放一点点，就能提味增鲜，让你的课程平添生机和趣味。

3. 案例的搜集整理

丰富的案例从何而来呢？我的心得是八个字：随时搜集 + 随时整理。

（1）随时搜集

首先你得养成留心观察、随时搜集的习惯。不要等到明天要上课了，今天再去找案例，这样会导致很多素材你找不到。

电影《福尔摩斯》中有个桥段。华生问福尔摩斯："为什么我们形影不离，但每次都是你先弄明白案件真相呢？"福尔摩斯说："因为我总在观察。"华生说："我也会观察呀。"福尔摩斯说："那好，门外楼梯你也天天走吧，一共多少级？"华生茫然，因为他从来没数过。后来，福尔摩斯告诉他有 17 级。

看到这个桥段时，我想到了一句话："用眼只会看见，用心才会观察。"

当我们在生活中，遇到一件事、看到一本书、追一部剧，甚至刷微信、抖音，对某一个场景有所感触、对某一句话怦然心动时，可以跳出固有思维，想一下，是否可以将它放到你的培训课程中。

2010年我看过一部电影，成龙大哥拍的《功夫梦》。其中有个片段，成龙教小男孩德里·帕克练功夫时，发现他在生活中有一个不好的生活习惯：每天放学回家，就把衣服一脱、随手一扔。后来成龙教他功夫时，每天让他练习脱衣服、扔衣服、捡衣服、挂衣服、穿衣服。一段时间过后，小家伙看整天就是这些动作，认为师父并没有真功夫。在他充满抱怨打算离开时，成龙出手点拨，通过那些简单的动作，让他领悟到了功夫的真谛所在，从此勤学苦练。电影中有一句经典台词"生活中充满了功夫"，曾让我久久回味。

后来我在罗振宇《时间的朋友》跨年演讲中，又听到一个词"不远求"：遇到困难不远求，解决问题的资源就在身边。

"问渠那得清如许，为有源头活水来。"生活就是最大的源头活水，好的素材其实不用远求，只要你用心发现，养成留心观察的习惯，生活处处皆素材。

（2）随时整理

随时搜集的同时，你还需要随时整理。信息爆炸时代，好的资讯和素材案例，稍纵即逝，如果没有及时记录，它们一旦淹没于信息的海洋，你将再难寻觅。

那么，如何做好整理呢？我的习惯是遵循以下三个步骤。

一是用手机随时拍、随时记、随时截图、随时下载；二是分别保存到电脑中的"视频库""案例库""图片库"；三是将最新的素材案例，直接整理成PPT课件页。这就像我们去饭店吃饭，有些耗时的大菜，厨师会提前烧好一样。做好这三步，将会大大提高你备课的效率。

深挖洞、广积粮，只有在平时养成随时搜集和随时整理的习惯，让你的库中有积粮，用时才会不慌张。正如《菜根谭》有言："闲中不放过，忙处有受用；静中不落空，动处有受用……"闲时努力储备，事来则无不成。

4. 案例的开发演绎

延展性案例，需要时时搜集；而关联性案例，尤其是自身案例，则需要开发和编写。

好的案例，要像好故事一样，只有讲得生动形象，才能打动和吸引听众。真正的表达高手，都应该是故事高手。美国著名未来学家、趋势专家丹尼尔·平克，在著作《全新思维：决胜未来的六大能力》中，甚至将故事力作为决胜未来的六大能力之一，他在书中提到：

> "当今时代，信息时时处处可得，因而价值也就相对减小。现在越来越重要的是这样一种能力：把这些信息置于某一情境之中，使之具有某种情感冲击力。这就是故事力的本质，即情感化的情境。"

那么，如何编好案例、讲好故事呢？记住一个公式，九个字：说场景 + 挖困境 + 聊启发。

（1）说场景

案例背景描述要情景化，用具体、形象化的语言来描述。不少讲师在案例描述过程中，往往只是用抽象化的语言来复述，缺少场景重现、细节追溯，这就很难吸引听众。

如何情景化地描述细节呢？遵循"三体"原则。

一是有**具体的场景交代**（5W 原则：What 何事、Why 何因、When 何时、Where 何地、Who 何人）；二是有**具体的人物语言**，有对话才有代入感；三是有**具体的行为动作**，有行为才有画面感。

举个例子，国防大学教授金一南将军是讲故事的高手，他在央视《一堂好课》中，说到他以前的一个经历，他是这样描述的：

> 有一次加工车工工件的时候，出现一个事故，我使劲一拉车

刀的时候，手滑了，右手撞到后尾顶尖上，一下磕开一个大口子，肉皮都翻开了，血不停地流。但是当时我的车床，正在加工一个轴，我要一停车那轴就报废了，我就一边擦血一边看着车床。我当时是徒工，师父是个女师父，她过来了，吓一跳，我半边身全是血，手在上面擦的。她说："赶紧停车！你怎么回事，哪受伤了？"我说："师父，没事，这还要车着呢。"她说："我看着车床，你赶紧去，赶紧去！"车间主任硬把我拉到厂里的卫生所，给我包扎、缝针。出来以后车间主任跟我说了一句话："金一南，天生的好车工。"

你看，金教授的描述是不是非常有画面感，让人有身临其境的感觉？好的故事案例，是可以在学员脑海中再现情景、浮现画面的。

（2）挖困境

在描述案例背景后，要突出事件发生后面临的问题点、挑战点。没有冲突的案例，是没有价值的；同理，没有冲突的故事，也是没有看头的。

那么，什么样的故事才算是一个好故事呢？好莱坞编剧教父罗伯特·麦基被认为是当今世界最会教人讲故事的人，他给出的答案是：冲突颠覆生活。

麦基的故事理论，不光适用于电影，它对任何故事形式都适用。《脂砚斋点评石头记》第五十九回中，脂砚斋曾写下这样的评语："山无起伏，便是顽山。水无潆洄，便是死水。"这是夸曹雪芹下笔有起伏、有波折、有冲突。

你可能会有疑惑，一般的案例故事，也没有什么大起大落、大风大浪，怎么办呢？我在得到课程"怎样升级你的说服力"中学到一个技巧：困境法则。也就是不断强化经历中的困境，通过困境来制造转折，激发学员好奇心。

不管你做什么事情，多少都会遇到一些困难、挑战。有困境，就会有冲突；有冲突，就会有转折；有转折，就会有悬念；有悬念，就会有吸引。

悬念，会钩住听众的注意和好奇。这是为什么呢？答案很简单，因为它在听众的大脑里制造了一个真空，而听众的大脑在接收信息时，决不能容忍自己的意识里存在真空。你想想看，为什么我们追剧的时候，追不完会浑身难受，巴不得一下把所有内容都看完，这就是因为真空。困境法则，就是通过转折制造真空，调动听众的好奇心。

合理运用困境法则，有两个要点：一是细化困境。从经历中挖掘出当时的困难，最好是重重困难——一波未平，一波又起。二是，细化情绪。假如没有遭遇一些明显的实打实的困难，你可以回想当时有哪些情绪波动，这些情绪波动同样可以算作困境。

在强化面临的困难冲突后，再顺理成章说当时采取的行动、具体的做法，以及最终的结果。

（3）聊启发

案例是手段，不是目的。你不能为了讲案例而讲案例，案例的目的是传递观点、分享经验，为课程主题服务，为促进行动服务。好的案例，要有明确的观点导向性，启发人思考，指导行为改善，这才是一个好案例的价值体现。

如果是解决问题型的案例，还需要总结出你的经验。把案例中解决问题的套路铺陈在时间轴上，变为步骤流程，变成可复制和易传播的方法论。

以上三点，就是编好、讲好案例故事的关键：**说场景，让案例有画面感；挖困境，让案例有吸引力；聊启发，让案例有感召力。**

另外，在案例的开发讲述中，我们还需要注意以下两个问题。

一是不能跳跃式描述。你对故事发生过程很熟悉，但听众不了解。你要说明出场的人物、发生的事件，交代清楚前因后果、来龙去脉。我曾经辅导过不少参加企业案例大赛的选手，发现很多选手在撰写案例时都存在这个问题：情节不连贯。就像一部电影，如果剧情不连贯，观众就会感觉断片了，看不懂。

二是不能啰唆拖沓。有的老师讲案例故事，怕别人听不明白，于是事无巨细、唠唠叨叨解释每一个细节。小说、电影中的故事可以长，但培训中的案例故事，需要简洁，要在一定的时间范围内讲清楚，最好把控在 3～5 分钟。习惯性啰唆的讲师，建议先写文字稿，控制字数，删繁就简。

5. 案例的筛选标准

也许平时搜集了不少案例，但到培训授课时，不能一股脑全往课件中塞，必须有所筛选。那么，什么样的案例才是最好的呢？好的案例，要符合以下四个特性。

（1）主题性

不管选取什么样的案例，首先必须要扣题，要为观点服务，这样才能起到论证和说明的作用。

（2）可靠性

只有真实可靠的案例，才具有说服力。我们要有求证思维，凡是引用的案例故事，必须要有原始出处，必须要有考证。有些老师喜欢在网上找所谓的经典案例，比如"三个工人砌墙的故事"等，但这些往往是杜撰的。

真实，是建立信任的基础。只要你讲的案例不是真实的，那么学员就会对你的分享产生怀疑，之前建立的信任将崩盘。

（3）鲜活性

如果你的案例都是很久以前的，或是学员听过的，那就没有新鲜感。而且讲这些案例故事时，你可能还会心虚地说一句："给大家讲个故事，可能有人听过。"只要学员听过，那就没有吸引力。只有时效性强的案例，才能迅速抓住学员的注意力、引发共鸣。所以，最新的行业新闻，流行的电视剧、电影以及互联网热点等都可以成为鲜活的培训案例。

当然，热点会有时效性，可能过了一段时间，热度和关注度就没有了，再引用的话，学员会不太了解。因此，只有做到及时更新时事性案例，才能紧跟时代潮流。

（4）贴切性

企业内部培训，一定要有贴合企业实际业务场景的案例，这样才能与学员拉近距离，产生共情。

有一次我在一家大型畜牧业集团培训，有一位内训师在开发企业文化的课程中引用了比尔·盖茨和中国"打工皇帝"唐俊的案例来阐述爱岗敬业。这样的案例在当时也具有鲜活性，但是学员现在听了大概率没感觉、没触动，因为这些案例太遥远了，对学员来说不接地气。

那么，什么样的案例才最贴切呢？记住三点：**学员熟悉的、学员关注的、切身相关联的。**

对企业内训师而言，好案例其实就在身边。身边的人、身边的事、身边的话、身边的图，都是最好的案例。

那么，作为职业讲师，你所引用的案例如何能做到贴切呢？在这里分享一下我平时培训时的做法和习惯，具体如下。

一是提前搜索学员所做的 PPT 课件，将其中有代表性的问题挑出来作为案例。二是更新课件中的案例，尽量挑选受训企业所属行业的案例。三是到受训企业的网站浏览最近的企业新闻，看看有没有可以作为案例的。比如我去习酒培训时，就曾经将网站上看到的企业领导讲话作为案例。四是在培训授课现场抓拍照片，然后挑选合适的放到课件中作为素材。当学员看到这些照片时，他们往往会特别惊讶。五是将培训辅导中学员所做的练习，在课后保存和整理为该行业的最新案例。六是建文件夹保存收藏每次培训的现场照片。经常会有企业复购我的培训，那么在下次培训时，我会找出以前的培训照片，作为素材穿插在课件中。

以上几点，其实并不难做到，只需要用心而已。如果在培训中你也能灵活运用，相信你肯定能与学员更好地拉近距离。

6. 案例的组合论证

美食中的调料不能单一，课程中的案例同样也需要组合搭配。那么，要如何运用案例组合进行观点论证呢？

我们要考虑三个维度：多类型论证＋多对比论证＋多案例论证。

（1）多类型论证

课程中的案例，既要有关联性案例，也要有延展性案例。

内训师在培训中引用的案例，重关联性、少延展性，这样会导致课程缺乏生动趣味性。就像饮食要均衡一样，全是荤菜，会增加肝肾负担。而职业讲师引用的案例，重延展性、少关联性，这样会导致课程缺乏迁移运用性。这就像一桌菜全是素菜一样，缺乏蛋白质。膳食结构要合理，课程案例搭配也要均衡。

（2）多对比论证

对比论证，侧重于通过案例相反或相异属性的比较，能够更好地揭示需要论证的观点的本质，给学员留下更深的印象。

对比可以是两个对象之间的比较，称为横向比较，如中与外、古与今、大与小、强与弱、正与反等；也可以是同一对象前后不同阶段之间的比较，称为纵向比较，比如我在讲授PPT制作时，会用同一页PPT修改前后作为对比，这样做学员的印象就会很深刻。

（3）多案例论证

如果你要讲解课程的重点、要点，就不能把主角当龙套，简简单单随便举个例子了事。这时需要举多个例子，进行反复论证。

如果你要讲解一个全新的知识点，而它对学员来说理解有难度，那么除了关联性案例和延展性案例外，还需要先运用生活中的案例作为类比。《科学学习：斯坦福黄金学习法则》一书中提到一项经典研究，如表6-1所示，在内容讲授中，类比案例的数量，与学员课后正确解答问题的百分比是成正比的。

表 6-1　类比案例的数量与学员课后正确解答问题的百分比

类比案例的数量	学员课后正确解答问题的百分比
无类比案例	28%
一个类比案例	32%
两个类比案例	62%

从表格中，我们不难看出，两个案例比单个案例，对学员的影响程度提高了近一倍。多案例论证能够让学员举一反三地将观点、原理应用于多种情境，帮助学员打开思路，提升应用的灵活性，学以致用。

最后再强调一下，案例的运用要打好组合拳，通过多类型、多对比、多案例论证，从多维度论证新知，给知识赋予多个线索，让新知可以更加牢固地"编织"到学员的知识体系中，促进他们对知识的消化吸收和迁移运用。

小胡子画重点

1. 案例包括关联性案例和延展性案例，两者可以相互补充。
2. 要想获得丰富的案例，要养成两大习惯：随时搜集 + 随时整理。
3. 案例开发九字经：说场景 + 挖困境 + 聊启发。
4. 好案例要符合四大特性：主题性、可靠性、鲜活性和贴切性。
5. 案例运用组合拳：多类型论证 + 多对比论证 + 多案例论证。

6.3 全维讲解
视觉化教学

不管是形象化的降维讲解,还是案例化的同维讲解,最终我们要采用什么样的方式进行呈现呢?

对于这个问题,我们需要从脑科学的角度来探讨。先做个小互动,请所有人伸出你的右手,摸一下肩膀上面这个"球"。对了,就是你的脑袋。不管是大一点的还是小一点的,这个"球"都分为左半球和右半球,即左右脑。

1981年,美国神经心理学家兼神经生物学家罗杰·沃尔科特·斯佩里凭借对左右脑分工理论的证明获得了诺贝尔奖。他通过大量对比研究发现,左右脑具有不同功能。左脑偏理性思维,喜欢逻辑、数字、概念等;而右脑偏感性思维,喜欢情感、直觉和视觉化。

柯维在畅销书《高效能人士的七个习惯》中提到,由于崇尚左脑,语言文字、逻辑推理等被奉为重要的技能,导致人们大多不习惯发挥右脑的功能。一般来说,如果你是理工科出身,或者在从事专业技术型工作,那么你的左脑思维习惯会因为工作而进一步强化,但在培训授课时,就会因为过于理性而难以打动学员。因为学员的大脑不光需要抽象化的理性说服,更需要视觉化的感性吸引。

人类的身体感受器有70%存在于眼睛中,眼睛接收到的信息是其他所有感官接收信息总和的两倍多。在我们的大脑中,控制本能中心的那部分大脑,叫爬行脑。它也是更喜欢视觉化的信息,而不是抽象的信息。

成人学习的一大特征，是注意力持续时间短，所以，**任何一次表达，都不要违背人类注意力的本质规律。长时间一成不变就会失去关注，只有变化产生了，关注才会产生！**

想要持续吸引学员注意，我们就需要全脑表达，除了左脑的理性条理化，更需要右脑的感性视觉化，左右交替，让讲授拥有变化。

那么，好的案例要如何视觉化地呈现，才能钩住学员的注意力呢？我总结为钉钩三式：图片式＋道具式＋视频式。

1. 图片式

案例在呈现过程中，最忌讳的是全文一字不落地统统写在PPT上。这样，就算案例再好，但以纯文字的方式呈现，也变成了理性的东西，只会进入学员的左脑。而且由于文字全部显示出来，学员可以直接看到案例中的故事情节，没有任何悬念，也就缺少了吸引力。

人是视觉动物，描述同样的内容，文字让人感觉枯燥，而图片却让人感觉轻松。所以，案例的呈现至少可以配备相关图片、照片。关联性案例最好配上身边工作现场的照片，而延展性案例则可以从网上搜索相关图片。

好的图片可以让案例自己说话。将案例的通篇文字改为看图说话，多了视觉上的刺激，多了更有效的线索，会让学员在课后更容易从脑中提取出这个案例，从而想到案例所论证的观点。

2. 道具式

在教学中，道具的展示能够让学员近距离看到实物，所以道具也是一种牢牢吸引学员注意力的方式。如图6-6所示，当我在课堂上展示相关道具时，学员往往会眼前一亮，伸长脖子张望。在那一刻，大家已经被深深吸引了。

培训教学用的道具可以分为内容道具和活动道具。

图 6-6　小胡子在课堂上展示道具

（1）内容道具

内容道具，即与课程知识点、故事案例相关的道具。

一方面，可以特意去搜寻现成的道具，比如，有老师讲授"木偶效应"，就把孩子的玩偶带到了课堂上；有老师讲授"有效调查既要顺瓜摸藤，也要顺藤摸瓜"，就从菜市场买了一个瓜带过来。

另一方面，也可以量身定做道具，尤其是在讲授专业技术课程中，实物道具的展示能让学员更直观地理解枯燥的知识点。如图 6-7 所示，图中两位讲师在讲授专业技术知识时，展示了精心准备和设计的道具，令学员印象深刻。

图 6-7　专业技术型讲师定做道具

（2）活动道具

活动道具，即课程互动活动中使用的道具。

我在教学授课中使用过的活动道具有：超大号扑克牌、紧箍圈（《大话西游》中孙悟空所戴同款）、靶盘、乒乓球等。

吸引注意力最基本的方法就是制造意外、打破常规。而独特的、少有的甚至独一无二的活动道具，往往能带给学员完全不同的感官刺激。

3. 视频式

视频是融视觉、听觉为一体的综合媒介，在听你啰啰唆唆讲了一堆，看了一页又一页文字型 PPT 后，突然插播一段视频，在这样强烈的感官刺激下，学员们的精神肯定会为之一振。

那么，视频素材要如何得来和使用呢？

（1）视频素材的来源

一是**网站视频**。这要如何下载呢？首先推荐通过 360 浏览器下载。

如图 6-8 所示[一]，第一步，通过 360 官网下载安装 360 浏览器，搜索相关视频；第二步，打开视频，点击右上角按键"录制小视频"；第三步，点击下方红色按键，灵活录制视频片段；第四步，录制完毕，打开保存路径所在文件夹获取视频。简单四步，实现网站视频轻松快速下载！

图 6-8　360 浏览器下载视频

[一] 本书中所有视频截图均源自作者本人的视频。

如果有视频通过 360 浏览器下载不了，再推荐使用：**EV 录屏**。

第一步，搜索 EV 录屏官方网站，进行下载、安装。第二步，将音频处设置为"麦和系统声音"。第三步，如图 6-9 所示，点击右上角左数第三个键，打开"设置"页面。建议将"开始录制倒计时"从 3 秒调到 6 秒，以便有足够的时间将网上的视频点击播放并设置全屏播放（录屏软件的原理，便是直接录制电脑屏幕画面，这个软件也可以直接录制 PPT 微课）。保存文件格式是 .mp4，如果电脑中的 PPT 版本不高，可将文件格式调为 .wmv，几乎所有版本的 PPT 都能直接插入和播放这个格式的视频。

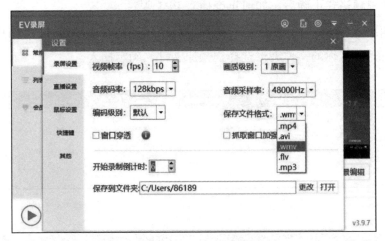

图 6-9　EV 录屏的设置

二是**抖音视频**，它可以直接保存到手机上。个别不好保存的，可利用手机上的"屏幕录制"功能进行录制。

三是**自拍视频**，它有以下两种出镜形式。

个人自拍：自己对课题中某一个概念进行阐释，或者将某一段文字照着书、文件朗读一遍。把在课堂上照着 PPT 念变成视频出镜的方式，学员看到肯定眼前一亮，再会心一笑，这样就会产生完全不一样的学习效果。

场景再现：根据培训内容，提前写好脚本，请同事一起角色扮演，还原一个业务场景或是典型案例。

以上自拍视频，建议通过"剪映"App加上字幕。

（2）视频素材的插入

有些讲师在插入视频素材时喜欢用超链接，但在播放时，就需要用鼠标去点击链接，再等待视频慢慢打开，这时候你的讲授就中断了。视频素材建议直接插入 PPT，只要格式正确，都能正常播放。

如果电脑版本太老，.mp4 格式视频不能插入，那需要转换为 .wmv 的格式。如何快速转换呢？给你推荐一个在线转换格式的工具网站：

https://www.aconvert.com/cn/video/

在视频格式正确后，如何正确插入 PPT 呢？

如图 6-10 所示，点击"插入"，再点击"视频"，在下拉选项中选择"此设备"，从你的文件夹中选择视频原文件，确定插入。

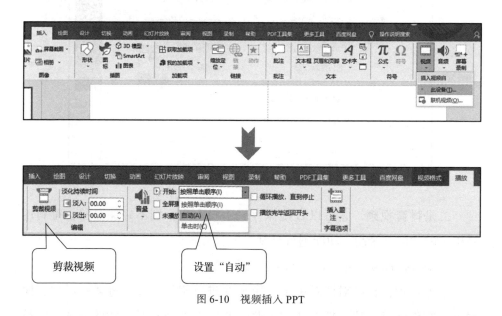

图 6-10　视频插入 PPT

视频插入后，在"播放"选项栏中，将"开始"栏调为"自动"，这样视频不用鼠标点击，就能自动播放。如果你想剪裁视频，直接点击左边"剪裁视频"就可以进行剪裁了。

另外，将抖音视频等竖屏录的视频插入 PPT 后，你会发现左右两边是白色的 PPT 底板页面。如图 6-11 所示，再勾选一下"全屏播放"，这样，在视频播放时，左右两边是黑屏，视觉感观更好。

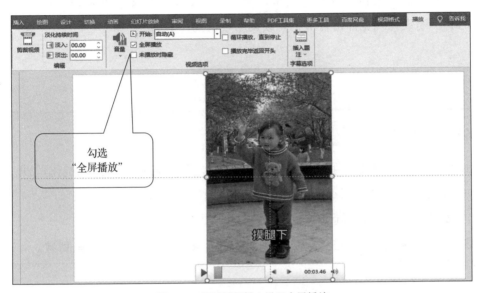

图 6-11　竖屏视频插入设置全屏播放

图片、道具、视频，都是课程中最好的调料。同时，我们在视觉化教学过程中，还要注意变换形式，交替运用以上几种调料。因为人脑天生只对各种变化敏感。那么，在培训中，需要每隔多长时间添加一次调料，变换形式呢？

这个问题，我们来听一听小米雷军给出的答案：

"小米的发布会只要干好一件事情——把讲稿写好，就是把现场的 PPT 写好。我自己每天会花四五个小时，一般会改 100 遍以上，每一张都要求是海报级。写完了稿子以后，要推敲每 5 分钟听众会不会有掌声，每 10 分钟听众会不会累，我们是应该插短片、插段子，还是插图片，怎么调动全场气氛……"

从这段经验分享不难看出,雷军深知抓住听众注意力的重要。那么,如何持续吸引学员注意力呢?我们可以参照雷军给出的标准:每 5～10 分钟就往课件中加调料,确保多形式呈现、多感官刺激。

好的素材案例,要有好的呈现和表达形式,这就要求我们以学员为中心,不断设计视觉冲击环节,持续调动学员的注意力。

小胡子画重点

1. 学员是全脑接收,我们要学会全脑表达,激活右脑,进行视觉化呈现。任何一次表达,都不能违背人类注意力的本质规律。
2. 做到视觉化教学要运用钉钩三式:图片式、道具式、视频式。
3. 每 5～10 分钟就往课件中加调料,保证多形式呈现、多感官刺激。

本章小结 · 小胡子敲黑板

《社会心理学》一书中，认知心理学家的研究表明，说服别人有两种路径：中心路径和外围路径。

中心路径说服。如果听众是主动参与的，自我驱动力比较强，主题是他们自己特别感兴趣的、自己想学的，那么他们关注的是分享的观点和相关依据。这时主要采取中心说服路径，主要策略是用有力的观点、可信的证据和缜密的逻辑说服他们。

外围路径说服。如果听众是被动参与的，心思不在，基本上没有内在学习驱动力，主题是他们不感兴趣、不想听的，那么他们关注的就是省力的信息、有趣的事物和视觉化的感受。这时需要从外围来进行说服，主要策略是用熟悉的事物、易懂的事物、简单的信息和视觉上的刺激说服他们。

我们回想一下，企业培训中不少学员是被动参与的。这就要求我们不光运用中心路径说服，更需要采用迂回战术，从外围路径说服他们。我们在本章中说的形象化教学、案例化教学、视觉化教学，正是这两种说服路径的结合。

中心路径是主线、明线，不能少；外围路径是辅线、暗线，也不能缺。不管你讲授的是多么枯燥、专业的课程，只要你做到主辅结合、明暗相交，就必定让学员听得懂、喜欢听。

07 转化模型

第 7 章　让学习有效迁移

> 教亦多术矣，予不屑之教诲也者，是亦教诲之而已矣。
> ——《孟子·告子章句下》

孟子这句话的意思是：教育的方法有很多，但我不愿意去特意给人直接的教导，这就是我的教育之道啊。

我认为两千多年前的孟子老师的确伟大，他深知成人培训之道。**有效的学习，从来不是单向的教导和灌输。**

据说世界上最难的有两件事，一是将钱从别人的口袋里装到自己的口袋里，二是将思想从自己的脑袋放进别人的脑袋。我觉得第二件更难。你苦口婆心地把PPT从头到尾念一遍，知识就能转化为学员的吗？显然不能。

输入只是开始，学习的关键在于转化和迁移。企业安排培训是为了什么？当然是为提升绩效。但绩效要提升，学员的行为必须要发生改变。学员都是有经验的成人，单靠讲授，再热血沸腾也无法改变其行为，必须要由他们亲身尝试和参与建构才能将知识内化。这是为什么呢？因为参与能促进承诺和认同，而认同才能带来积极的改变。

如何在培训中促进知识的转化和迁移呢？关键看学员参与程度，**只有参与才能内化，只有内化才能转化。**你讲得再精彩，这也只是你自己的东西，不经由学员自己思考、练习，知识就无法转化成学员自己的，后续也难以迁移和应用。

著名学习专家爱德加·戴尔早在 1946 年就发现并提出了学习金字塔理论，说明讲师采用不同的教学方式，会使学员对学习内容产生不同的平均留存转化率。在此理论基础上，结合企业培训实际情况，我梳理了六种常用教学活动，如图 7-1 转化模型所示，能明显看出，最上面三种形式的学习内容留存转化率都不高。要想提高转化率，就需要采用思考提问、小组讨论、演练应用的教学形式，做到三动：让学员动口、动脑、动手。

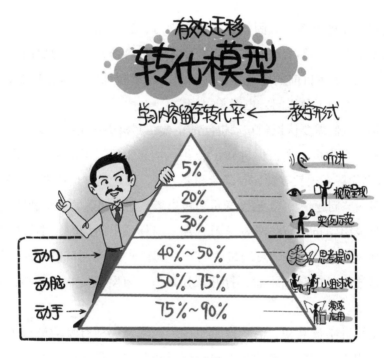

图 7-1　转化模型

7.1 让学员动口
思考提问

提问是促进思考、巩固知识、检查学习、运用知识、实现教学目标的一种重要课堂活动形式,日本著名教学家斋藤喜博甚至认为提问是"教学的生命"。但是在目前的企业培训尤其是内训师授课中,往往还是以灌输、宣讲为主,讲师不敢提问,也不善提问。

首先,我们需要认识到互动提问的重要,其核心作用有三。

一是启发学员思考,促进知识转化。学起于思,思源于疑。宋代朱熹说:"读书无疑者须教有疑,有疑者却要无疑,到这里方是长进。"提问可以把学员引入"问题情境",启发学员积极思考,促进知识的理解和转化。

二是吸引学员注意,激发学习兴趣。当你抛出问题时,学员便开始思考。犹如风乍起,吹皱学员脑袋中的"一池春水",激起阵阵涟漪。好的问题,能造成学员的认知矛盾,打开认知缺口,激发学员的好奇心,从而提高其参与度。

三是增进学员互动,活跃课堂氛围。提问是一种召唤动员行为,是集体学习中引发参与的有效手段,可以促进讲师与学员之间的情感交流,创造轻松、和谐的教学氛围。

既然提问如此重要,那么,要如何学会正确提问呢?你需要掌握三点:怎么问+找谁答+怎么收。

1. 怎么问

培训中的提问,根据回应对象可以分为两类:群体提问和个体提问。

（1）群体提问

群体提问，指面向所有学员提问，学员可以一起参与回应。群体提问的作用有以下三种。

一是激发参与，活跃氛围。比如，中央电视台《开讲啦》节目中曾有主讲嘉宾在演讲开始时便抛出一个问题："今天要跟大家聊一个有意思的议题，叫作梦想造就软实力。在座的谁有梦想？请举一下手，我看看！"这时候，下面观众纷纷举手，现场氛围一下活跃起来。

二是找到相同，拉近距离。比如我在课堂上介绍自己，"人到四十才当爹，家有女儿名子兮"，之后便提出："在座的各位，家里有闺女的请举手！"等学员陆续举手后，我就打趣说："大家看，举手的都是幸福的人呀！"有一次培训中，一位学员在课间休息时专门跟我说，他也有一个女儿，开场时的提问举手，让他感觉一下子拉近了距离。

三是摸底调研，了解情况。比如我在讲授 PPT 制作时，会提出："平时自己做过 PPT 课件的，请举手！"如果举手的比较少，我就知道大部分学员的 PPT 制作基础比较弱，那么讲授时就要讲得细一点。这是对学员情况的摸底调研，以便更好地做到因材施教，让培训更有针对性。

群体提问属于口头提问，看似随机，其实也需要提前准备和设计好。如果你是第一次讲课，怕一时紧张忘记提问，也可以直接写在 PPT 课件上。

最后，在群体提问时要注意一个小细节：请学员举手时，你自己要先举手，这样可以起到带动的作用。

（2）个体提问

个体提问，是指抛出一个问题后，请单个学员来回答。要想在课堂上启发学员思考，主要还是得靠结合课程内容设计个体提问。

个体提问可以分为开放式提问和封闭式提问。开放式提问，相当于考试卷上的问答题，呈现出开放性，便于学员充分思考、发挥；而封闭式提问，则让学员有所选择，因为其本身带有预设答案，所以能有效降低问题难度，便于学员更好地参与。

提出一个好问题,比解决一个问题更重要。那么,要如何精心设计一个好的问题呢?我认为要遵循以下四大原则。

一是目标性原则。主要问题的设计必须紧扣课程的教学目标,于重点和难点处设问,以便集中精力突出重点、化解难点。比如我在课堂上讲授课程开发时,首先就结合教学重点抛出一个问题:"从学员的角度思考,什么样的课程才算一门好的课程?"在激发思考后,再引出课程开发的标准。

二是适宜性原则。你提出的问题,难易要适中,要符合学员的年龄特征、认知水平和理解能力。不然无人能回应,现场一片冷清,你也只能自问自答了。正应了一句流行语:只要自己不尴尬,尴尬的就是别人。

对于多维度的问题,你也可以缩小问题范围,降低问题难度。比如,管理大师彼得·德鲁克提出管理者需要做好五项工作,如果全部提问的话,估计没有学员能答得上。如图7-2所示,你可以列出四项,将第五项设为填空题,进行提问。这就是我在培训中的一个问题设计,互动后,再给出答案:第五项工作是培养人才,以此引出培训的重要性。

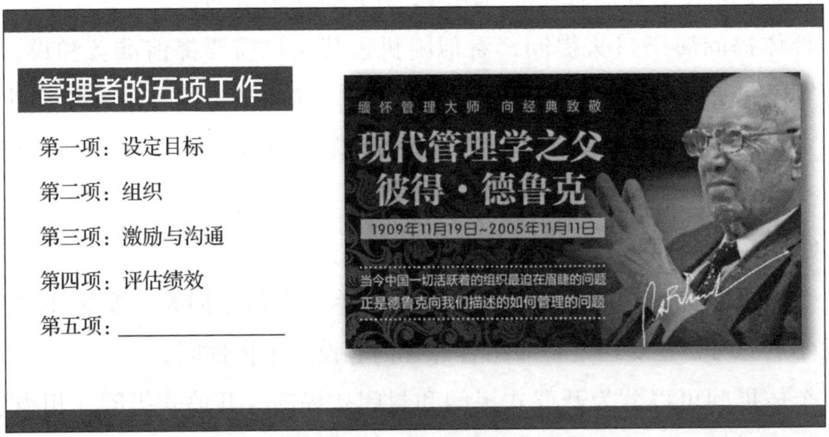

管理者的五项工作

第一项:设定目标
第二项:组织
第三项:激励与沟通
第四项:评估绩效
第五项:_____

图7-2 降低问题难度

三是准确性原则。你抛出问题是为了引出即将论述的观点,因此你要预估学员会怎么回答，提问的范围要适中、准确。

举个例子，有位老师想讲一个跟笔相关的案例，先提了一个问题："大家认为在办公室里，什么最重要？"他的目的是引导大家想到笔，但这样的提问太开放，大家不知道怎么回应，结果有人回答"下班最重要"。

你希望得到什么答案就怎么提问。关于提问，有则经典故事：一位教徒祈祷时犯了烟瘾，就问神父："祈祷时可以抽烟吗？"神父瞪了他一眼说："不可以。"后来，他换了一种问法："那抽烟时可以祈祷吗？"神父赞赏地说："可以。"

你看，问法不一样，得到的答案便不一样。记住一个要诀：**问题就是答案**。你想得到什么答案，就怎么提问。

四是生动性原则。你在设计提问时，还可以不落俗套，变换提问角度，将生活中大家喜闻乐见的元素巧妙地与问题结合起来，增加问题的趣味性和生动性。如图 7-3 所示，在原本枯燥的问题前加上一句"元芳，你怎么看"，学员看到肯定会心一笑。

图 7-3　生动提问

如果学员群体偏年轻化，那么你可以借用大家关心的热点或热门电视剧中的人物，再结合知识点来提问。比如，有银行业内训师设计了这样的提问："买房贷款还款方式分为等额本息和等额本金。请问，《欢乐颂 2》里安迪和小蚯蚓，她们二人中谁更适合等额本息？"

当然，热点最好是当下流行的，只有学员都熟知，才能引发共鸣。

好问题是设计出来的，结合目标性、适宜性、准确性、生动性四大原则，相信你肯定能设计出好问题。

好问题设计出来后，什么时候提问呢？是在知识点讲授之后，还是讲授之前呢？一般的做法，是在讲授之后提个问题，用于对知识点的回顾，这个固然需要，但在讲授知识点前，同样可以提问。

《成长的边界》一书中，作者大卫·爱泼斯坦建议：**先测试，后学习**。不要一上来就灌输，而应先进行一个测试。在这种学习方式下，尽管学员给出的答案有可能是错误的，但是当他们获得正确答案后，很明显会记得更牢。尤其是学员越是相信那个选项是对的，但结果发现不对时，他们的印象就越深，越容易记住这个知识。多犯错可以创造更好的学习机会，因为人们费劲地在脑海中检索信息的过程，可以让大脑为后续的学习做好准备。

心理学有个说法叫"有利的困难"（Desirable Difficulty），意思是说它看起来是个困难，但是能让你深度学习，即先测试，后学习。

要想让学员记住某个知识点，你就把它变成问题，让学员试错。如图 7-4 所示，对于关键性的数据，先不给出答案，而是将其设计为选择题，让学员来猜一猜，既增添了教学的互动性，又能加深学员对知识点的印象。

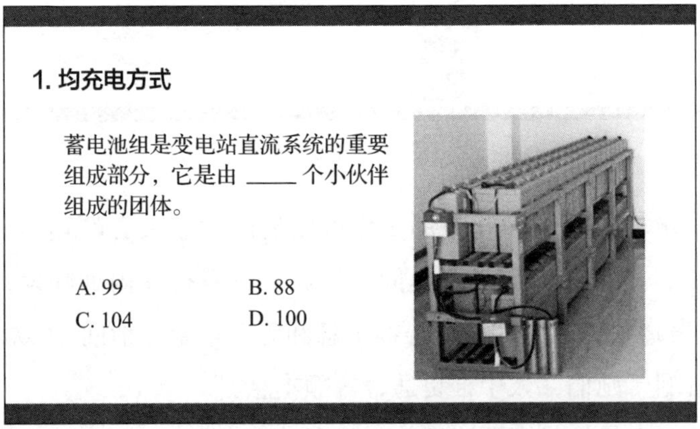

图 7-4　先测试后学习

设计问题是一门艺术，什么时候提问是一门科学。艺术与科学相结合，则是提好问题的前提。

2. 找谁答

提出了好问题后，你该找谁回答呢？新手讲师往往会弱弱地问一句："有谁可以回答一下这个问题吗？"如果你是这样没有底气的话，课堂上可能真没人回答。轻轻地，你问了一句，正如你没问一样。

那么，应该怎么说，才显得底气十足呢？我教你一句："大家好好思考一下这个问题，等下我随机点名，请一位学员来回答！"这样的说话方式，才彰显了一位讲师应该有的自信！

抛出这句话之后，你也不能急着找学员回答。《优质提问教学法：让每个学生都参与其中》一书的作者，美国教育专家沃尔什和萨特斯建议，我们要学会暂停，要给学员等待时间。因为学员回答问题的过程，好比在仓库里寻找货物，先根据问题寻找线索，在大脑中定位答案可能储存的地方，要经历比较、综合、决策等思维过程，才能得出答案。而作为讲师，我们能给予学员的帮助，就是保持安静、面带微笑、有意识地暂停时间，让他们思考。

有些讲师可能认为，节奏快才会避免学员开小差。但事实上，等待反而会让学员有时间真正地投入思考，也使得他们的回答更加自信和成熟。如果你感觉课堂太沉默，自己比较尴尬，可以说："请左右两边的同学相互讨论一下，看正确答案是什么。"这样，课堂的氛围也会活跃起来。

如果你给了思考时间，但是依然没人主动举手回答，你又该怎么办呢？新手讲师可能会就近随便找一个，说："这位同学，请你来答一下吧。"而有经验的讲师，会环视全场，挑一位抬着头、与自己眼神正视的学员来回答。为什么要挑这样的人呢？因为他敢于与你进行眼神交流，说明他心里有底儿了。对于那些低着头都不敢看你的，就不要点名了，因为即使他们站起来了，也有可能答不上。彼此都尴尬，何必相互伤害呢？

选好目标后，你可以快步走到这位学员身边，将话筒递上。再后退两步，目光正视他，在学员回答的过程中，不时含笑点头。不出意料的话，此时课堂上所有人的注意力和目光，都聚焦在你和答题学员身上。

3. 怎么收

在学员回答问题后，你要怎么收呢？分两种情况，一是答错了，二是答对了。

如果学员答错了，我见过新手讲师直接给予否定，摇头说："你答得不对！"然后扭头再找其他人，最后答题学员只得尴尬地自己坐下。试想，你这样对他的话，下次他还会积极互动发言吗？所以，即使学员回答错了，你也得以鼓励为主："不错，答对了一部分，可以再好好想一下，请坐。"

如果学员回答对了，你应该说一句什么话，才算圆满结束这场互动，达到最好的效果呢？新手讲师说得最多的可能是："好的，谢谢你的回答。"其实在课堂互动中，你对于学员的回答不用言谢，他更需要的是你的肯定，好的说法是："回答得非常棒，完全正确！"

当然，后面紧接着你还要说六个字：**"掌声鼓励一下！"**这句话一出，现场氛围立刻就能被你调动起来。我在培训课堂上重复率最高的、说得最多的，也是这六个字。所以，听过我现场课的学员，第一感觉就是课堂氛围特别好，其中一个秘诀就是在我的课堂上，时不时就会有掌声响起。

最后，回答问题也需要奖励。如果没有小组积分制，那你可以提前准备点小奖品，给答题学员一点意外的小惊喜，我相信课堂上的掌声必定更加热烈。

关于回答问题奖励，我推荐以下两种方式。

一是发奖式，即在学员答题后直接发给他小奖品。二是抽奖式。在中国电信的课堂上，我见过有内训师将空抽纸盒做成抽奖箱，在里面放上小奖品，回答问题的学员有机会从中抽取一个奖品，这又增添了悬念和刺激。

总的来说，培训别忘了提问，提问别忘了肯定，肯定别忘了掌声，掌声鼓励的同时别忘了加分或送上小奖品。试想一下，如果在课堂上，笑声、掌声声声入耳，将给学员带来什么样的体验和感受。培训可以这样轻松、有趣，而这所有的一切，作为讲师，你完全有能力带给大家。

小胡子画重点

1. 要想正确提问，需要掌握三点：怎么问 + 找谁答 + 怎么收。
2. 提问是艺术，问题设计要遵循目标性、适宜性、准确性、生动性四大原则。
3. 什么时候提问是科学，先测试，再学习。让学员在试错中，进行深度学习。
4. 学员答题后，别忘了给肯定、给鼓励、给掌声、给奖品。

7.2 让学员动脑
小组讨论

1929年12月，古田会议上一致通过了毛泽东起草的《中国共产党红军第四军第九次代表大会决议案》，在该决议案中首次提出开展红军干部和士兵教育的十大教授法：① 启发式（废止注入式）；② 由近及远；③ 由浅入深；④ 说话通俗化（新名词要释俗）；⑤ 说话要明白；⑥ 说话要有趣味；⑦ 以姿势助说话；⑧ 后次复习前次的概念；⑨ 要提纲；⑩ 干部班要用讨论式。如图7-5所示。

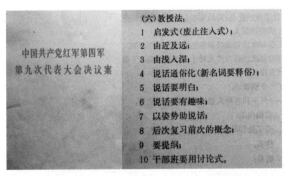

图7-5　小胡子藏书《中国共产党红军第四军第九次代表大会决议案》

讨论式作为重要的教学方法，被列为十大教授法之一。1941年，中央《关于延安干部学校的决定》明确提出："在教学方法中，应坚决采取启发的、研究的、经验的方式，以发展学生在学习中的主动性和创造性，而坚决废止注入的、强迫的、空洞的方式。"

美国教育学家本杰明·布卢姆曾研究过不同教学方法所激起的学生思维过程，他指出，与老师单一讲授式教学方法相比，课堂小组讨论教学方法更能活跃学生的思维、吸引学生的注意力。

美国太空探索技术公司CEO、特斯拉公司CEO埃隆·马斯克，在2021年中国发展高层论坛上谈到教育学习时说：

> "一个教授一直在讲，这是单向的讲授，是一再重复的过程，我们与其这么做，还不如让学生们自己在家看老师讲课。我觉得，这样的话还可以重放，还有音视频的效果，有可能会更好。课堂里的时间，不是用来讲授的，而是用来讨论的。我觉得，这样的话，对老师、对学生来讲，都会更加愉快。"

"课堂里的时间，不是用来讲授的，而是用来讨论的"，马斯克对培训教育的观点，犀利又中肯。当然，目前企业培训，还是以认知输入为主，课堂上全用讨论也不现实。但是，也不能完全没有讨论。因为，讨论式教学有以下三大重要作用。

一是让学员在参与中促进知识转化。成人学习都渴望参与，如果你能在授课中，大胆采用小组讨论方式，引导学员建构自己的认知，那他们最后的感触和收获，肯定会比单纯的灌输式更加深刻。

美国培训师培训的先驱鲍勃·派克在《重构学习体验：以学员为中心的创新性培训技术》一书中提到，他最喜欢的一条"成人学习法则"就是**"人们不和自己的数据争辩"**。如果学员自己说了什么，他会更加热切地接受和相信自己所说的。绝大部分人都不喜欢被灌输想法，而是喜欢自己挖掘信息。因此，如果你在讲授时将答案变成问题，引发学员思考，等到他们讨论后再以答疑的方式说出答案，他们就会觉得这是自己挖掘到的信息，而不是被灌输的。

二是让学员在讨论中解决复杂问题。根据认知水平，培训课堂上的提问可以分为低认知提问和高认知提问。低认知提问，指知识性、理解性、应用性提问，这类问题比较简单，学员一般自己一人就能回答；而高认知提问，指分析性、评价性、综合性提问，这类问题难度较高，需要学员在集体讨论、头脑风暴中，通过共同分析、综合、概括等加工过程，才能得出更好的答案。

三是让学员在互动中有足够的安全感。有一次培训上课前，学员中一位处级干部私下跟我打招呼，请我上课提问时不要喊他发言。我估计他是怕到时答不上来，丢面子。其实这是正常的人性，因为每个人都需要一种安全感。感悟到这点之后，我现在培训时，一般都不直接点名让某位学员发言了，而是把个体提问变成小组讨论。在指定小组某一位回答问题前，我会让小组共同讨论给他出主意，最后再请他发言时，他自然胸有成竹。正是这种方式，让那位不想发言的处级干部，在后来的培训中特别积极，甚至在课程结束时还主动要求上台发表培训感言。

我们已经明晰了讨论式教学是如此重要，那么，如何设计和组织小组讨论呢？需要做好四个动作：

小组讨论 = 问题设计 + 思考讨论 + 分享交流 + 点评总结

1. 动作一：问题设计

讨论问题的设计，决定了讨论的成效。好的问题，要符合以下两个原则。

（1）贴切性

讨论的问题应紧贴学员的实际工作场景，只有以解决实际问题为出发点，才利于学员更好地迁移和运用知识，而不是让讨论流于形式。

举个例子，如图7-6所示，一位讲师给银行新晋网点负责人讲授任职资格时，让学员讨论分析万科、华为、腾讯三家企业任职资格的异同点。

这个问题的设计看似没问题，但是让银行从业人员来讨论万科、华为、腾讯的任职资格，明显与实际工作范畴相距太远。讨论问题的设计要与学员的工作背景、场景相关联，这样才更有针对性。

图 7-6 讨论问题的设计

（2）情境化

将复杂问题融入相应情境中，既能增加问题的画面感、代入感，又能提高学员在应用过程中对类似问题的处理能力。

将问题情境化，有以下两种形式。

一是真实情境。以真实发生的、典型性的案例作为背景，抛出需要讨论的问题。案例呈现的方式，最好是视觉化的，例如，可以用图文式或视频式。如图 7-7 所示，这里便是以视频的形式，还原了案例场景，使问题更加直观。

图 7-7 视频式案例呈现

二是假设情境。假设对象，设计虚拟场景和约束条件，再引出问题点。为了增加问题的趣味性，假设的对象和情境可以巧用影视剧或著作中的经典人物。

总之，只要你遵循了贴切性和情境化的原则，再用心加以趣味化加工，定能设计出好的讨论问题。

2. 动作二：思考讨论

在设计出好的问题后，接下来要进入各小组思考讨论、头脑风暴的环节了。在这个环节中，我们要做好三件事。

一是鼓励全组参与。可以让每个人轮流发表意见，由某一位做好记录，形成小组的统一意见。

二是注意时间把控。讨论时间过短，学员还没进入状态就已经结束了；讨论时间过长，学员则容易说一些与要求无关的内容。时间无论过短还是过长，都不能达到有效讨论的目的，也不能收到预期效果，可能还会影响正常的教学进度。那么，多长时间最为合适呢？这个需要根据问题的难易程度来设定。企业培训中，一般性讨论用时3分钟左右比较合适。

三是做好过程把控。讨论时，你不能置身事外，要走到各小组去看一看、听一听，了解讨论情况和进度，做好指导、监督，适时把控。如进度比较快，可提前结束；如进度慢，则可放宽时间限制。同时，为了制造紧迫感，可适时报告时间进度，比如你可以说："大家抓紧讨论，还有最后30秒！"

最后，我建议你在小组讨论时放几段舒缓的背景音乐。因为音乐能让学员感到放松，也不用担心其他小组会听到自己讨论的内容。

3. 动作三：分享交流

讨论过后，是分享交流环节，即请小组派代表分享其讨论结果。

那么，应派谁作为小组发言人呢？传统做法是让各组在内部自行推选，但课堂中一般有25%的学员是不会主动回答问题的，推选的肯定都是积极的、肯上台的。大家可采取以下做法，能照顾到更多学员，也会更有趣一点。

（1）请组长举手确认一下，等组长都举手之后，你再宣布：看一下组长举的是哪只手，如果举的是左手，就请组长左手边的学员发言。如果举的是右手，就请右手边的学员发言。

（2）请本组个子最高的，或头发最长的，又或姓名笔画最少的发言。

（3）如果你在组建团队时，小组的每个人都有分工，那么在这个环节操作起来就更简单了。比如，我在培训中设计了不少讨论问题，有的请学习委员来回答，有的请生活委员来回答，使组内所有人都有机会参与互动。

确定好了发言对象后，发言的形式也可以多样化，具体如下。

（1）如果是简单的选择性问题，请各组代表全体起立，宣布讨论的结果。

（2）如果是需要阐述观点的，请代表轮流起立，站在小组内发言。

（3）请各组代表一起上台，轮流发言。

在各组代表阐述观点的环节，你需要把控好时间，最好在代表们发言前，和他们约定一下：每位的分享时间不能超过一分钟。然后你在旁边计时，这样可以防止因为话痨型学员发言过于啰唆而拖堂。

4.动作四：点评总结

各组代表发言后，你需要进行点评，原则是以表扬、鼓励为主。每组代表分享之后，如果现场没有掌声，别忘了提醒大家："掌声鼓励一下！"所有代表在台上轮流发言完毕时，你可以说一句："感谢大家的精彩分享，再次掌声鼓励一下！"同时加一个往下请的手势。

讨论教学的最后一环，是总结升华。如果有标准答案，你给出的答案要确保最佳，不能有异议；如果是假设场景的讨论，答案最好是高度总结概括的，在一定程度上需要高于各小组讨论的结果，这样才能服众。如图 7-8 所示，你给出的答案，如果还能融合理性、生动性于一体，那么学员更会眼前一亮。

图 7-8　小组讨论之后给参考答案

另外，课后你也可以好好整理一下每一次讨论的小组发言，将更好的回答补充到你的结论中。《礼记·学记》有云"教学相长"。对于学员和讲师，每次培训其实都是相互促进成长的过程。

总的来说，只要做好问题设计、思考讨论、分享交流和点评总结四个动作，你就肯定能组织好小组讨论。

小胡子画重点

1. 人们不和自己的数据争辩，学员会更加热切地接受和相信自己所说的。
2. 组织好小组讨论的四个动作：问题设计、思考讨论、分享交流、点评总结。

7.3 让学员动手
演练应用

学习学习，不仅要学，更要习。中国古人造字很有智慧，"习"字繁体写法为"習"，上"羽"下"白"。"羽"即羽毛，代表鸟的翅膀；"白"是古代"日"字的变体形式。《说文解字》中解释："习，数飞也。"所以，"习"的本义是鸟儿要想学会飞翔，必须每天在日光下振翅练习。这些都说明古人很早就领悟到了"光说不练假把式"的道理。

在培训中，要让学习实现有效迁移，除了让学员动口、动脑，加强对知识点的记忆理解，更需要动手进行应用型练习，以检验学员在真实的或模拟的情境中是不是能够灵活运用学到的知识。

加拿大心理学家、认知心理生理学的开创者唐纳德·赫布在1948年提出，只有反复练习才能导致大脑神经元突触发生变化，促进脑结构的改变，从而达到增强记忆和快速反应的效果。

那么，在培训中如何让学员去习得呢？主要有两种形式：演+练。演，即角色扮演；练，即实操练习。

1. 演：角色扮演

角色扮演教学法，是指设定一个最接近现实场景的情境，学员通过扮演某些角色，运用所学知识和技能，尝试完成某项任务。

角色扮演教学法属于行为导向型教学法。它以能力培养为目标，以互动与模拟为特征，让学生在假定的情境中感受真实场景，以加深他们对知识和技能的理解与灵活运用，提高对实际问题的处理能力，实现学习的有效迁移。

那么，究竟什么样的课程适合运用角色扮演教学法呢？像客户服务、沟通、营销、谈判、投诉处理等技能运用型培训课程，肯定适合。就算是产品知识等认知类培训，其实也可以运用角色扮演教学法。比如，"假设有客户来咨询，请你向客户介绍一下这款产品"，以此情景进行角色扮演，必然能加深学员对产品知识的了解。

角色扮演有以下两种形式：

第一种形式是全员参与分组演练。在参训人数不多且培训时长允许的情况下，进行全员操练，能够促使所有学员在练习中得以提升。

庞涛老师在《华为训战》一书中提到，他曾经在宝洁参加过一次谈判工作坊。培训时长为两天，但教练讲理论和方法只用了3个小时，其余时间全在进行车轮式密集演练。

首先是大演练，全班学员在教室里分组进行角色扮演，相关人员统计谈判的成交结果、价格、成本等数据，对所有学员的谈判成效进行打分和对比。其次是小演练，30人班级被拆成7~8个组，每组3~4人，转移到单独的小会议室。学员基于案例情景，应用所学，轮流扮演销售、采购，还有一个学员扮演观察员。每一轮模拟谈判完毕，教练都会针对每个人的角色扮演给予详尽指导，并让他们进行反思和复盘，最后由教练进行点评总结，然后再开始下一轮演练。

这样的实战演练，让学员当堂磨合锤炼、当下融会贯通、当场转化迁移。

任正非曾说过："在战争中学习战争是能打胜仗、成为将军的最有效方式。"仗怎么打，兵就怎么练。华为在人才培养上之所以成绩斐然，正是因为他们把战斗力的提升作为培训的最终目的。华为最主要的培训手段，是任正非提出的"训战结合、全真教学"，强调实战演练的作用和成效，尽最大可能把集训和学习项目中较多的时间让位给实战演练。华为大学制定了一个硬性指导标准：**集训里不超过30%的时间用来讲授知识点，70%以上**

的时间用来做演练和研讨。那么要如何实现这个标准呢？一方面，大力推行"前置在线学习+考试"，让学员在集训前把基础知识内容消化掉；另一方面，大力推广实战演练的设计方法，让现场训练越来越有效。

培训时间的 70% 用来做演练，这在其他很多企业是不敢想象的。有一次，一家大型国企想邀请我去上课，但企业培训负责人提出一个要求，希望上课时尽量不要做练习，理由是老员工不喜欢互动。后来我建议他们直接请大学教授开知识讲座，不要做培训。培训培训，不仅要培，更要训。即使不能像华为一样做到 70% 的演练，至少 20% 的练习也是必要的。

第二种形式是邀请代表上台扮演。有些培训受课时和场地限制，不太可能做到全员演练，那至少可以邀请学员代表，上台进行角色扮演、情景模拟。如图 7-9 所示，课堂上内训师直接邀请我扮演客户，现场模拟如何做好厅堂服务。

图 7-9　角色扮演

2. 练：实操练习

"纸上得来终觉浅，绝知此事要躬行。"技能技巧类、操作类课程，还需要通过实操进行刻意练习。做中学、学中做，才是提升能力的正确打开方式。

如果你喜欢看《红楼梦》，肯定知道香菱学诗的故事。在第四十八回中，香菱拜黛玉为师学作诗。黛玉先教她精读诗集，之后以"月"为题让她练习。写第一首时，黛玉点评为"措辞不雅"，让香菱再作一首。于是她"默默地回来，越性连房也不入，只在池边树下，或坐在山石上出神，或蹲在地下抠土"。后来写的第二首，因为"过于穿凿"还是不行，回去时"她走至阶前竹下闲步，挖心搜胆，耳不旁听，目不别视"。到晚上，"满心中还是想诗。至晚间对灯出了一回神，至三更以后上床卧下，两眼鳏鳏，直到五更方才朦胧睡去了"。后来，她苦志学诗，精血诚聚，日间做不出，于梦中得了八句，终被众人评价为"新巧有意趣"。

通过香菱学诗，其实不难发现，能力都是折腾出来的。你要像黛玉老师一样，耐心辅导、精准反馈，给学员折腾的机会。**只有练习才能有所改变，只有折腾才能有所收获。**

实操练习包含四步闭环教学：讲解、示范、练习、反馈。用几句顺口溜总结为：说给他听，做给他看，再让他做做看，做得好请称赞，做不好请改善，多做几次就成习惯。

实操练习，根据练习项目，可分为单项练习和交叉练习。比如公文写作培训中，标题设计练习、开头设计练习、结构框架设计练习，就是单项练习；依据要求，撰写一篇通稿就是交叉综合练习。

实操练习，根据人员参与情况，还可以分为如下两种。

一是全员练习。如果场地允许、人员不多、时间充足，那么实操练习的最佳方式是全员练习。我在 TTT 培训三阶段辅导项目中，每个阶段都是人人过关——台风表达过关、课程设计过关、讲授呈现过关，人人得以锻炼提升。

二是个体练习。如果参训人员较多，场地是课桌式或剧院式，培训时间紧张，那只能挑代表上台，进行个体练习。如图 7-10 所示，这是我在中国人民大学授课的场景，因为场地受限，只能鼓励和邀请学员代表上台进行演练。

图 7-10　小胡子在中国人民大学授课

当局者迷，旁观者清，不管是全员练习，还是个体练习，你都要能站在专业角度发现问题所在，再给予学员及时的反馈。美国心理学家、教育心理学体系的创始人桑代克提出三大学习定律：准备律、练习律、效果律。练习律是指，简单机械的重复不会造成学习的进步，练习中的反馈，才有利于学习者在学习中不断纠正自己的学习内容。

而能否给出精准、有效的点评和反馈，就要看讲师的功底了。《教父》里有句台词很经典："花半秒钟就看透事物本质的人，和花一辈子都看不清事物本质的人，注定有着截然不同的命运。"有没有快速看清事物本质的洞察能力，这也是衡量培训师专业水准的重要标准。

培训师洞察能力的提升，会经历三个阶段：一是看不出什么问题，二是瞧出有问题，三是能解决真问题。而实现飞跃的唯一路径，我认为就是八个字：深耕领域，见多识广。

最后，当学员经过折腾，获得赋能后，别忘了给他们展示的机会。在《首要教学原理》一书中，梅里尔教授指出：学习者在获得一项新技能后，第一个愿望就是向重要的人展示其新获得的能力。当学习者能够看到自己的进步时，学习才是有最富激励的活动。电脑游戏的魅力之一是，玩家能不断地看到自己角色的技能水平的提高。有效的教学必须提供机会，让学习者展示其新获得的技能。

总的来说，听不如看，看不如想，想不如做。不管是角色扮演还是实操练习，都是通过训练，让学员真正成为学习的主体的。

小胡子画重点

1. 学与习是不可分的，知与行是不可分的。
2. 在课堂上习得能力，主要有两种形式：角色扮演 + 实操练习。
3. 实操练习的形式可以多样化，例如单项练习与交叉练习结合，全员练习与个体练习结合。学员练得越多，改变越多，收获也就越多。

本章小结 · 小胡子敲黑板

在《首要教学原理》一书中，梅里尔教授指出：

"最常见的教学误区，莫过于将教学简单地等同于信息呈现。一页页的文本、海量的信息，这是不是教学？当然不是，信息不等同于教学。

"只呈现信息，教学策略的效能水平为0，勉强达到基准线。太多的教学都是以信息呈现为导向的。如今，包含了音乐、音频、图片、视频和动画的呈现已经不再像过去那样遥不可及了。但是，令人不解的是，仍有大量的信息呈现依然采用罗列几个要点和口头讲授的形式。

"只呈现信息的教学策略对传递大量信息来说是很有效率的，但遗忘起来也很快，用来解决复杂问题则并不奏效。"

将信息呈现等同于教学，这的确是不少新手培训师最常见的教学误区。一般的培训师，关注自己怎么教；而不一般的培训师，关注学员怎么学。

信息输入只是学习的开始，转化应用才是学习的关键。

只有真正把学员当主角，把课堂还给学员，让学员们参与进来：动口、动脑、动手，才能达到学习的最高层次：学以致用。

08 峰终模型

第 8 章　让收结耐人寻味

> 慎终如始，则无败事。
> ——《道德经》第六十四章

　　这句话的意思是，做任何事情，如果到结束时还是像开始时那样慎重，那么就不会有失败的事了。这其实就是我们常说的不忘初心，方得始终。不过，有人也会有疑惑：授课结束时，说声谢谢，不就完了吗？这有什么失败的？其实，如果你是这样做的话，从学员体验来看，这堂课程就已经失败了。

　　这是为什么呢？因为评价一段体验的好坏，主要由两个关键因素决定，一个是过程中的最强体验，一个是结束前的最终体验。比如，看一部电影，如果结尾很烂，那么你的最终评价基本上是：此乃一部烂片。

　　这就是著名的峰终定律，提出这个定律的是美国心理学家丹尼尔·卡尼曼，第一个获得诺贝尔经济学奖的心理学家。

　　通过峰终定律，我们会发现，如果你的课程结尾很草率，那留给学员的印象便是：这堂课程很草率。可以说，你的课程结尾，决定了学员对整堂课程的最终印象。

　　但目前不少讲师尤其是内训师没有意识到结尾的重要，具体体现为：无复习、无总结、无号召、无仪式。

　　课程开场，是离喜欢最近的地方，是学习的开始；课程结尾，是离好评最近的地方，是行动的开始。每个教学环节的设计都不容忽视，要让学员有学习的开始，更有行动的开始。

那么，如何设计好课程结尾呢？如图8-1的峰终模型所示，我们要在课程结尾做到"双有"：一是有回顾，巩固复习；二是有回味，总结升华。

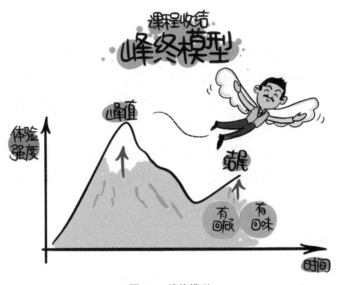

图 8-1　峰终模型

8.1 有回顾
巩固复习

孔子认为学习过的知识，要时常复习，才能牢固掌握。在他的影响下，弟子们也都很重视复习。子夏曰："日知其所亡，月无忘其所能，可谓好学也已矣。"意思是，每天能学到一些自己没有的知识，每月不忘自己已掌握的知识，这样才可以说是好学的。

在培训中，我们也需要时常给学员复习的时间和机会，只有这样才能让学员做到"无忘其所能"。那么，如何使学员正确复习呢？我们要做到两注意：注意复习节点＋注意复习方法。

1. 注意复习节点

成人学习有一个特点是遗忘速度快，德国心理学家艾宾浩斯通过研究发现，遗忘在学习之后即开始。如表 8-1 所示，遗忘的进程很快，知识点在讲完 20 分钟后，已经遗忘了将近一半，以后，遗忘的速度逐渐变缓。

表 8-1 艾宾浩斯实验结果

时间间隔	记忆量
刚讲完	100.0%
20 分钟后	58.2%
1 小时后	44.2%
8～9 小时后	35.8%
1 天后	33.7%
2 天后	27.8%

从实验结果可以发现：对于时长为 1 小时的培训，如果在结束时不复习回顾，那么培训结束后前面学的只剩下 44.2%；对于长达 2 天的培训，如果不及时复习，那么开场时所讲的知识，到结束时就只剩下 27.8% 了。

输入的信息在经过人的注意过程的学习后，首先会成为短时记忆。如果不及时巩固，这些记住过的东西就会遗忘。只有经过及时复习，这些短时记忆才会成为长时记忆，从而在大脑中保存很长时间。

所以，我们首先要及时复习，每章节讲完之后立马就要复习回顾。其次，还要重复复习。在《心智、脑与教育》一书中，我读到一段从神经科学角度对此的分析：

"对神经回路的重复激活会在长时记忆中创建更牢固、更高效的神经网络（提取和传递速度更快），也就是说，重复练习能够使记忆长久地保持下来。正如身体的肌肉因为重复的锻炼会变得更强健一样，脑的神经网络和记忆也会因为复习和练习对神经的重复激活而增强。"

从上面的论述中，我们不难发现一个关键词：重复激活。我们的大脑就像森林，你的记忆就在林中某处。你在这边，而记忆在那边。从你的位置到记忆的位置之间本来没有路，走得多了，也就成了路。这样一来，在以后需要这段记忆时，你就能更轻松地沿路找到它了。

所以，培训中的复习，先要做到及时复习，然后再重复激活。

对于 1 小时左右的内训师培训课程，每个章节结束时，你都要带领学员回顾一下章节要点；整堂课程结束前，再带着他们复习一下所有要点。对于 3 小时或半天的课程，除了以上复习节点外，你还可以在中场休息回来后带领学员复习一下上半场的学习要点。对于 1 天的课程，在下午课程开场前，可以复习一下上午所学。而对于 1 天以上的课程，第二天培训开始前，可以复习前一天所学。

另外，学员对最近听到的、最后看到的，记忆深刻，这就是最近原则。

所以，下课前对课程所有要点进行复习回顾更为重要。在《重构学习体验》一书中，作者鲍勃·派克建议：如果培训时间为 1 小时，那么可以在结束前用 10 分钟总结；如果培训时间为 3 小时，那么可以在最后留出 30 分钟总结；如果培训时间为 1 天以上，那么可以在最后留出 45 分钟总结。

只有及时复习，反复复习，再加上强化复习，才能干扰遗忘过程，让学员自己踩出那一条记忆之路。

了解到复习的重要节点后，如何实施复习回顾呢？

2. 注意复习方法

有的讲师虽然意识到了复习的重要性，但他们采取的复习方法一般是强调法，即自己对要点再总结一下。然而，这依然是灌输式，是不会让学员产生记忆点的。

这是为什么呢？原因在于，人的记忆有两种基本机制：存储与提取。听课学习就是进行存储，要运用时即提取。实验发现"存储与提取负相关"，存入的时候越容易，提取的时候越困难；反之，如果存入时有些吃力，那提取时会更方便。

我再通俗地解释一下：要想让学员在运用的时候，能快速想起、有效提取知识，那么我们在给他们存储的时候，就有必要提高难度。这便是必要难度理论，由美国认知科学家罗伯特·比约克和伊丽莎白·比约克夫妇在 20 世纪 90 年代提出。

那么，如何在复习时，提高存储的难度呢？常用的有三大方法：测试法、互测法、分享法。

（1）测试法

在章节学习后，直接在 PPT 上出题进行测试，以检验和巩固学习成果。那么，这种方法要怎么操作呢？有两个动作：设计题型题目+确定回答方式。

动作一：设计题型题目。测试形式和题型，可设计为以下五种。

题型一，选选看。形式为选择题，通常提供 3～4 个选项，恰当设置干扰项。在新员工培训中，选项可以进行生动化设计，以增加问题的趣味性。如图 8-2 所示，这样的生动化选项可以让学员在会心一笑中加深对知识点的记忆。

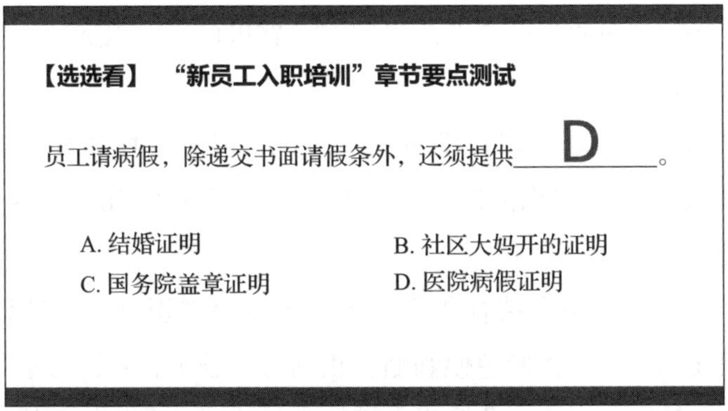

```
【选选看】 "新员工入职培训"章节要点测试

员工请病假，除递交书面请假条外，还须提供____D____。

  A. 结婚证明           B. 社区大妈开的证明
  C. 国务院盖章证明     D. 医院病假证明
```

图 8-2　选选看题型设计

题型二，猜猜看。形式为判断题，判断陈述是否正确。注意要使用意思明确的陈述语句，避免可能存在歧义的表述。

题型三，连连看。形式为连线搭配题，通常包括两个列表，要求将一个列表中的项目，与另一列表中的项目关联起来。

题型四，填填看。形式为填空题，学员需自行填写内容，且内容最好是学员必须识记的、应知应会的。

题型五，答答看。形式为简答题，题干可以是关键流程、步骤，也可以是不同问题的处理技巧，主要考量学员对知识点的掌握程度和综合运用情况。

运用以上练习形式进行测试时，形式可以多样化，多题型组合设计。但每次通过 PPT 呈现时，不宜将所有题目都一齐亮出来，要留有悬念。

动作二：确定回答方式。

设计好题型题目后，学员要如何参与回答呢？回答方式可以分为以下两种。

一是必答。如果是要求所有学员必须识记、掌握的，那么，题目亮出来后，每位学员都要在自己本子上写上答案，然后相互检查，最后公布答案。

二是抢答。如果你想活跃课堂氛围，可以将其作为小组加分项，设置为抢答题。哪位学员首先举手并正确回答，就可以给本组加分。

（2）互测法

除了讲师出题，还可以让学员相互测试。出题过程是对知识点的全面盘点，答题过程是对知识点的又一次巩固。如何互测呢？包含两个动作：出题+答题。

动作一：出题。每人结合所学，挑一个重要知识点，将其设计为一道题目，题型任选。拿一张彩色便利贴，正面写上题干，背面写上答案。

动作二：答题。形式可分为组内互答、组间互答和集体互答。

组内互答：每人轮流说出自己出的题目，小组成员共同回答。

组间互答：每个小组选出一道最有代表性的题目，由出题学员担任考官，向其他小组提问，其他组可抢答加分。

集体互答：邀请所有人起立，每个人找其他学员，相互答题。答上3道题的，可回到座位。活动过程中，你要注意观察和监督。如果发现最后有没落座的学员，你可以邀请他上台，由他随机指定想回答谁的问题，任务完成方可落座。

（3）分享法

请学员相互分享也是很好的复习巩固、总结复盘的方法。

分享内容。在章节结束时，让学员分享印象最深刻的本章知识点；或者在一天或两天的课程结束时，让学员用自己的语言，总结分享学习心得。培训下来，有些学员可能感受不是特别深，只有在听到其他人分享后，才明白原来是自己没认真学。

分享形式。分享形式有五种，分别是：组内分享、组间分享、抱团分享、集体分享、代表分享。

形式一，组内分享。比如从组长左边一位开始，每人轮流在小组内分享。

形式二，组间分享。每人轮流到旁边小组分享，比如一组到二组分享，二组到三组分享，三组到四组分享。一位分享完毕，下一位主动过去。

形式三，抱团分享。邀请学员起立，找其他小组两位学员，三人一组，站成三角形，从其中一位开始分享。如果人数不是三的倍数，也可以四人抱团，如图 8-3 所示。这种分享方法我取名为三人行或四人团分享法。

图 8-3　小胡子课堂上三人行、四人团分享

形式四，集体分享。在培训场地允许的情况下，邀请所有学员带上讲义起立，围成一个最大的圆圈。要求从其中一位学员开始，每人分享一个培训过程中印象最深、感触最深的观点。建议同时宣布一条规则：前面学员讲过的，后面的学员不能再重复讲。这时课堂上，往往笑声、惊讶声一片，然后学员们会赶紧翻讲义、找知识点。至于从谁先开始分享呢？我的做法是，从年龄最大的或工龄最长的开始。我一般会把集体分享安排在第二天或第三天下午培训开始前。如图 8-4 所示，这是我在东西电子商学院培训时，将分享与练习结合起来的场景。

图 8-4　小胡子培训现场集体分享

形式五，代表分享。邀请学员代表，上台分享学习心得感悟。一般可以在下午培训开始前或第二天培训开始前，邀请积分最少的组派代表或全体上台分享，这也是在给他们加分的机会。

总的来说，以上各种复习方法的目的都是让学员多记住一些、多掌握一些，这比你多讲一些更重要。

小胡子画重点

1. 成人学习遗忘速度快，只有通过及时复习、反复复习、强化复习，才能让学员加强对知识要点的理解，从短期记忆变为长期记忆。
2. 存储时有难度，提取时才容易。常用的提高存储难度的三大方法是测试法、互测法、分享法。

8.2 有回味
总结升华

凡事有头就要有尾，有始就要有终。好的课程，每个重点、章节都要有总结，整个课程更要有结尾。

在《高效演讲》一书中，作者将结尾部分称为甜点，意思是要让听众尝到甜头。

那么，如何设计一个像甜点一样的好结尾，让学员回味呢？我将结尾分为要点结尾、章节结尾和课程结尾，花开三朵，各表一枝。

1. 要点结尾

每个要点讲完后需要结尾吗？需要！

很多讲师讲完一个要点，会很突兀地跳到下一个要点。没有一个收结的动作，这个要点在学员脑海中就没有形成闭环。

有的讲师虽然也有总结，但只是嘴上啰唆几句，课件上没有体现，这也不行。好的做法是将要点提炼为一个短句，用一页PPT专门做这个知识要点的收结。也就是说，要点结尾的正确方式是：**要点结尾 = 短句提炼**。

举个例子，如图8-5所示，我在TTT培训中讲授完结构框架设计的要点后，用"结构为王 大纲先行"八个字作为总结。

2. 章节结尾

课程各章讲完后需要结尾吗？当然也需要！

图 8-5 课程要点结尾

不少讲师在讲完一章后,就硬邦邦地跳到下一章,没回顾、没总结、没过渡。每一章结束时,首先要有复习回顾,其次要有总结归纳。好的总结,既能起到概括升华、提升内容品质的作用,也能作为过渡,承上启下,让课程讲授更顺畅。有升华,才能承上;有过渡,才好启下。

章节结尾的正确方式是:**复习回顾 + 总结归纳**。

举个例子,如图 8-6 所示,一位内训师讲授"通信机房供电系统认知基础"课程,每一章结尾时,先做复习回顾,再做总结归纳。

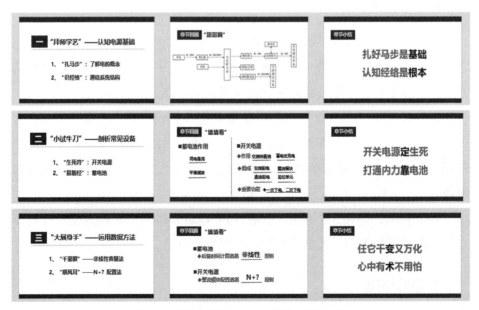

图 8-6 课程章节结尾:复习回顾 + 总结归纳

3. 课程结尾

课程全部内容讲完后需要结尾吗？更加需要！但有些讲师在课程结束时，只是草率地说一句"大家还有没有什么问题，没有的话，今天培训到此结束，下课"就完了。很明显，这不是个好结尾。

那么，课程结尾如何收得漂亮呢？在对整体内容进行复习回顾之后，好的课程结尾需要做到四个一：**一个故事＋一个行动＋一个金句＋一个仪式**。

（1）一个故事

课程结束前，该说明的、该强调的，都讲得差不多了。最后一幕场景，我想应该是在分别之际，再语重心长地交代几句。你可以说说学习、聊聊成长，因为学习与成长是所有学员都关心的永恒话题。

当然，讲道理永远不如讲故事。建议你至少留一个压箱底儿的故事，放在课程结束时。这个故事可以是身边人的，是自己的，也可以是听来的，但一定要是自己感触深的，能给人带来信心、获得前行力量的。

罗振宇老师在他 2016 年跨年演讲的结尾就讲了歌手科恩的故事：

> "正在响起的这首歌，歌手叫科恩，2016年，他老人家去世了。我听说过他的一件事，老人家在 74 岁的时候发现他所有的钱，都被经纪人骗光了。有人问他：'你怎么办？风烛残年了。'他说：'这有什么，卷起袖子、背起乐器，接着录唱片，接着去做全球的巡演。'科恩的所有歌当中，有一句歌词，感动到了我。他说，'万物皆有裂痕，那是光照进来的地方'。"

如果你听过当时的演讲，肯定会跟我一样，对这个触及心底的结尾故事记忆犹新，相信很多年以后，都不会忘怀。

好的故事，会让你的分享有温度，让你的课程有力量。所以，在课程结尾，千万不要吝啬你的故事和激励。语虽短，意深长。

（2）一个行动

好的课程，能唤醒改变和行动。如何引导学员在课后，有意识地对所学知识进行迁移、运用，对个体行为进行改善呢？

我推荐让学员现场列出 531 行动计划："5"是指写下本次培训中 5 个重要的知识点，让学员知道"我学到了"；"3"是指写下 3 个能够运用的方法或工具，让学员相信"我能运用"；"1"是指写下 1 个回去立刻要做的行动计划，让学员承诺"我要改变"。

好的课程结尾，要呼吁行为、激发行动。

（3）一个金句

课程结尾如何做到耐人寻味？还需要理性升华。但是不少讲师 PPT 的最后一页，只有两个字"谢谢"或只是礼节性地放上四个字"感谢聆听"。这里，先要跟大家澄清两个认知。

一是慎用"聆听"。"聆听"表示仔细倾听，虔诚而认真地听，带有对说话者敬慕和尊崇之意。从意义和用法上看，"感谢聆听"是不恰当的，因为这样把自己放在了尊者位置，含有强求别人尊敬自己的意味，是不符合礼仪的。

二是不用"感谢"。谢谢的话可以放在嘴上说，不用写在课件里。我还见过有人写"感谢观看"，但是培训听课不是观看表演，这都是画蛇添足。

PPT 最后一页不放"感谢聆听"，不用"谢谢"，那放什么呢？

放课程结语——金句，用具有哲理性的金句，对课程进行总结升华。明代布衣诗人谢榛，曾经形容好文章的结尾"当如撞钟，清音有余"，意思是结尾要像撞击铜钟一样，清音袅袅，悠然不尽。好的课程结尾，亦要如此：以一当十、画龙点睛、内涵深刻、耐人寻味。

那么，结语金句怎么得来呢？我教你两个方法：借用金句 + 自创金句。

方法一：借用金句。直接借用经典名句、名人名言、网络金句作为你的课程结语。

例如，有位讲师讲授"产品质量管理"课程，结语引用了松下幸之助的一句名言:"对产品质量来说,不是 100 分就是 0 分。"

再如,有位讲师讲授"风险防控"课程,结语为八个字:"你若安好,便是晴天。"这就是借用《你若安好 便是晴天:林徽因传》的书名。

方法二:自创金句。如果你的课程专业性比较强,找不到现成的金句借用,怎么办呢?那么,你可以自创最贴切的金句。怎么创作呢?给你分享三个技巧。

一是对称法。

对称法是指结合课题核心思想,用精练、对称的两句话作为总结,这两句最好字数相等、结构相同,这样句式整齐,更有节奏感。

有的讲师虽然在课程结尾也有总结,但往往是一大段话,不够精练,可以尝试用对称的短句进行提炼。

举个例子,有位讲师讲授"日常考核分析管理"课程,结束时,他用了一段话来总结:"一个优秀的机构考核管理者应该是指标管理者的教练。考核不是为了吹哨子,告诉机构你错了,我要惩罚你,而是要在做的过程中告诉机构如何做好!"

如果请你来修改,你会怎么提炼呢?

如图 8-7 所示,我修改为:"优秀的机构考核者,不是当裁判吹哨子,而是当教练做辅导。"

图 8-7 课程结语提炼

为了让大家能创作出更好的金句,我整理了一些各行业培训讲师的课程精彩结语，以供参考：

"商品陈列培训"课程结语："陈列靠动手，效果自然有。"

"客情服务培训"课程结语："客情不靠心情做，用心用情做客情。"

"违规积分管理规定"课程结语："心有所畏，行有所止。"

"绩效管理培训"课程结语："发现有才能的人，回报有贡献的人！"

"经济资本管理及应用"课程结语："你若懂我，受益无穷。"

"大数据培训"课程结语："要做梦就做大一点，用数据就用大数据！"

"平衡计分卡考核"课程结语："只有让自己值钱，才能真正更挣钱。"

"变压器基础培训"课程结语："变高变低便生活，压升压降压能耗。"

二是谐音法。

谐音法，是利用汉字同音的规则，将大家熟悉的字用同音或近音字来代替，进而产生辞趣的一种手法。

比如，有位中国电信的讲师讲授"翼支付产品培训"课程，结语提炼了一句话：让人民群众"付"起来。既贴切，又生动出彩！

三是诗句法。

有一次我在中国人民大学上课，听众是黑龙江省妇联组织的全省优秀女性企业家代表，共有一百多人。备课时我就在琢磨：怎么结尾才能有新意呢？后来，我专门改编了四句诗：

龙江巾帼聚京中，人面桃花相映红。

相逢人大明明德，能干会说笑春风。

"龙江巾帼"，指黑龙江来的女性企业家。"明明德"，出自儒学经典《大学》的开篇："大学之道，在明明德。"而且当时的培训地点就在中国人民大学的明德楼，活动主题又是明德讲堂，包含多层含义。

不管是借用金句还是自创金句，好的课程结语，都是精心设计出来的。

（4）一个仪式

生活需要仪式感，学习同样也需要仪式感。如何让课程结尾充满仪式感呢？我建议你做两个基本动作：分享＋颁奖。

一是分享，邀请学员上台分享学习心得感悟。如果有小组积分，自然可以邀请冠军团队上台。即使培训没设置积分竞赛，也可以直接提名几位积极参训的学员，作为优秀学员登台分享。

二是颁奖，给优秀学员、冠军团队颁发奖品。这个动作，内训师往往容易忽视。其实稍微准备点小奖品，学员会有完全不一样的感受。颁奖的同时别忘了提前准备音乐。在充满节奏感的音乐烘托下，学习仪式感自然满满。

总的来说，如果你的课程结尾有故事、有行动、有金句、有仪式，自然会让学员有回味，言有尽而意无穷。

小胡子画重点

1. 要点结尾 = 短句提炼。
2. 章节结尾 = 复习回顾 + 总结归纳。
3. 课程结尾 = 一个故事 + 一个行动 + 一个金句 + 一个仪式。

本章小结 · 小胡子敲黑板

三步成师，第二步是会导，即会进行教学设计。美国当代著名的教育心理学家加涅曾说：

"没有教学设计，学习会不会发生？答案是肯定会。那么教学设计的目的是什么？是提升学习的质量和速度。"

如何做好教学设计，有众多理论，其实总的来说，最关键的就是四个环节：起、承、转、合。每个重要知识点的讲解，都要做到起承转合；每个章节的讲授，也要做到起承转合；整个课程的教学，更要做到起承转合。

本章就是"起承转合"的最后一环，必不可少，却最易被忽视。只有做好这一环，教学过程才算是一个完整的闭环。

起是开端，启动导入。**十年修得同船渡，巧妙开场有亮度。**

承是根本，激活旧知。**百万雄师过大江，形象讲解眼前亮。**

转是关键，运用转化。**千树万树梨花开，思考体验学得快。**

合是收官，巩固升华。**万水千山只等闲，回味无穷乐开颜。**

第 3 步

会 演

授课表达呈现

三步成师，现在，我们终于走到了第三步：会演。

有了好的课程内容、好的教学设计，最后我们还需好的表达演绎，才能将好内容淋漓尽致地展现于课堂中。表达能力、掌控水平是培训师需练就的基本功。

什么是基本功呢？著名画家李可染曾这样解释："基本功是从十分繁复的艺术修炼的全过程中，抽出其中有关正确反映客观真实的最根本、最困难、最带关键性的规律部分，给以重点集中的锻炼。"他还专门请人刻了一方印章，上面的字是"白发学童"，表示要"做一辈子基本功"，扎扎实实打基础。

基础不牢，地动山摇。"墙高基下，虽得必失。"这是说大墙高耸，但是如果地基低矮，就算高墙真的建成了，也必倒塌。基础夯不实，难以行稳致远。

戏曲演员的基本功是四功五法："唱、念、做、打"四种表演功夫，"手、眼、身、法、步"五种技法。

培训师的表达基本功，则是六法三元："胆法、眼法、手法、站法、步法、声法"，六法呈现；"天时、地利、人和"，三元控场。

在这一步中，我们将通过最后两个章节的学习，夯实培训师的基本功：生动演绎和灵活控场。

第 9 章　六法模型：让表达有模有样

第 10 章　三元模型：让掌控有张有弛

09 六法模型

第9章 让表达有模有样

> 每升座开讲，声音洪亮，顾盼伟然。
>
> ——《金圣叹先生传》

金圣叹是中国历史上著名的文学批评家，《金圣叹选批才子必读书》《金圣叹选批杜诗》是我最珍爱的藏书。后来，读到《金圣叹先生传》，才知道他也是极具风范的培训师。"声音洪亮"，气场十足；"顾盼伟然"，气度不凡。

气场与气度，是优秀讲师个人魅力、讲台风范的体现。

走上讲台，如何给学员留下良好的第一印象呢？我认为，不是看颜值，而是看气质。而培训讲师的气质，就藏在你的举手投足之间。

台上一寸、台下十尺，你在台上的任何一个举动，在台下都会被放大十倍，因为台下坐的是一群人，他们都会看在眼里。学员最先注意到的，不是你讲的内容，而是举止台风，从而判断你是否专业。当然，企业内训师在台风呈现上，不需要像职业讲师那样高要求，但得体大方的台风，同样是你个人风采和魅力的体现。

而新手讲师、内训师，在台风呈现中往往有所欠缺，具体表现为以下几点：

一是上台紧张，缺乏自信，胆量不足；二是眼神飘忽不定，不敢与学员进行视线交流；三是不知道如何灵活运用手势，让表达更大方自然；四是站姿不稳，定力不够；五是不敢在讲台上自如走动；六是声音不洪亮，说话没节奏，气场不足。

只有表达传神，听众才不会走神。

那么，如何塑造专业台风，让表达有模有样，更具感染力呢？如图9-1所示，在本章中，我们将系统学习胆法、眼法、手法、站法、步法、声法六大方面，夯实表达基本功。

图9-1 六法模型

9.1 胆法
轻松自信表达

善讲、能讲，从敢讲、敢上台开始。从容自信登台，对职业讲师应该不成问题，但对不少内训师来说，却是难题。因为大部分内训师是专业技术出身，自己动手干活不在话下，但让他们上台讲课，好多人都是大姑娘坐花轿——头一回，自然紧张胆怯。

但如果登台后，你给学员的印象是紧张忐忑的，那他们会认为你没经验、不自信、不专业，这样的话，大家自然不愿意听，你也很难服众。可见，紧张，是走上讲台首先也是必须要攻克的难关。

那么，如何才能做到从容自信呢？经过大量实践证明，攻克紧张这一难关的心法是：**正视紧张 + 精心准备**。

1. 正视紧张

克服紧张的第一步，是认识紧张、了解紧张。我们先来诊断测试一下，数数看你共有多少项以下紧张怯场的表现：

① 生理反应：心跳加速、口干舌燥、面红耳赤、出虚汗、两腿发软；
② 姿势反应：手足无措、不敢正视、搔头摸耳、攥紧双拳、手发抖；
③ 其他反应：语无伦次、张口结舌、词不达意、大脑空白、盼望结束。

上面15项症状，如果你有5项及5项以内，那没有任何关系，属于正常现象；如果超过7项，你需要好好锻炼；如果全有的话，那么恭喜你，来对了地方。建议你将书看完后，直接报名参加小胡子的讲师培训班。

其实，上台讲话对很多人来说都是难事，能躲则躲。这是为什么呢？

根源有以下几点。

根源一，来自身体的本能。我们大脑中有一个神经组织，它长得像杏仁，叫杏仁体，相当于人体的预警机，它的最大功能是不断扫描身边的危险事物，一旦受到威胁，它就向你的身体发出警告。为什么人一紧张，大脑会一片空白呢？因为血液都流向四肢，随时准备逃跑，大脑自然就缺血了。

根源二，来自传统教育的影响。孔子曰：慎言其余。鬼谷子曰：言多必失。家长曰：少说多做。老师曰：听话照做。在此传统教育的熏陶下，自然是听得多、说得少，做得多、讲得少。而真正到了职场，大家才明白：君子讷于言、敏于行的时代，早已一去不复返了。你有本事是一种能力，让别人看出来你有本事，更是一种能力。光干不说，傻把式；能干会说，才是真把式。

根源三，来自对陌生感的恐惧。心理学研究，恐惧往往来自陌生、不熟悉。第一次做一件事，因为没经历，不知道会出现什么，就会有相应的害怕和慌张的心理。上台讲话这种事情，一般人经历的次数都不多，自然会产生陌生感、紧张感。

根源四，来自群体心理的压力。大庭广众之下，众目睽睽之中，台下一大帮人盯着你看，想想这场景都紧张，这是一种群体心理产生的压力。"群贤毕至，少长咸集"，来的人越多、规格越高，压力越大。

根源五，来自完美主义的束缚。凡事希望得到别人肯定，基于完美主义影响，怕自己讲得不好，别人不认同，从而丢人、丢面子。越在乎别人的看法，自然越紧张、担心。

基于以上根源，从另外一个角度，我们不难发现，其实紧张也是非常普遍、正常的现象，谁都会有，没什么大不了。同时，我们也需要以足够的勇气去面对、正视它。尤其是企业内训师，如果不敢上台，不光影响培训授课，更会影响自身的职业发展，错失成长机会。

那有人会问，讲得不好，丢面子怎么办呢？我的建议是，晚丢不如早丢，丢了以后就不怕了。所谓成长，就是随时把自己碎掉，然后重建。

凤凰卫视著名主持人窦文涛在《我是演说家》栏目中曾经说过，他在初中时一次演讲比赛上，紧张得说不出话，甚至吓得尿裤子。但他最后说：

> "要珍惜每一次当众说话的机会，只有让自己积累挫折、积累出丑的经验，才能放下自我。这次出丑了吧，你们笑话我吧，我就'不要脸'了一分，下次又出丑了，我就'不要脸'两分，等我全'不要脸'了，我就进入自由王国——无我的状态。所谓的'自我'就是脸面、自尊心、虚荣心等诸如此类的东西构成的，当这些东西全被摧毁的时候，你会突然发现自己获得一切了。"

我特别认同窦文涛的观点，不要在意别人的看法和眼光，多在乎自己的能力和成长。**里子比面子更重要，自我成长比别人的目光更重要！**同时，我也建议新手讲师在刚上课时，要持分享的心态，不要有表现心态。上台不是表现自己的，而是分享经验的。

在正确认识紧张后，有什么好的做法可以让我们在台上更从容呢？

2. 精心准备

如何自信登台，良方其实早就有了——毛泽东同志总结的"十大军事原则"第五条：不打无准备之战。这不仅是用兵之道，也是有效克服紧张之法。

如果你感到紧张、不自信，主要是因为缺了两样东西：一是经验，二是准备。在无法迅速积累经验的情况下，准备就显得尤为重要。那么，如何做好准备呢？三大准备必不可少：**内容的精心准备 + 环境的熟悉准备 + 状态的调整准备。**

（1）内容的精心准备

只有想得好，才能说得妙。要做好内容准备，我提供以下三个建议。

建议一，**准备的时间足一点**。罗永浩是 IT 界最会说话的人之一，他曾经在一次直播中分享过他的秘诀："做一场 1 小时的正式演讲，准备时长大概 100 小时！公司例会做 15 分钟报告，大概准备 8～10 小时！"

其实在台上能说会道的人，往往都是经过大量准备的，只是我们不知道而已。

建议二，**准备的内容多一点**。人在紧张时，语速容易加快。原本准备讲一小时的课程，说不定半小时就讲完了，最后只能干瞪眼。

沈从文是著名作家，其实他当过老师，而且他第一次登台上课时也窘了一回。1927 年 6 月，时任上海吴淞中国公学校长的胡适，力荐沈从文到学校担任讲师。第一次上课时，慕名而来的人很多，沈从文紧张得不行，导致原本要讲一节课的内容，用 10 分钟就讲完了。离下课时间还早，他只得转身在黑板上写了一句话："我第一次上课，人很多，我害怕了。"沈从文跟他笔下的边城一样，真是太实诚了。

所以，第一次讲课，还是得多备点货。建议新手讲师如果想讲 60 分钟的课，可以准备 90 分钟的内容。

建议三，**准备的课件熟一点**。你需要反复熟悉课件内容，讲课时不能始终盯着电脑屏幕或投影幕布看。你至少要知道下一页 PPT 的内容是什么，这样过渡才自然。

著名爱国诗人、演说家闻一多先生，曾经在日记中写到：

> 到钟台下练演说八遍，第二天又"夜外出习演说十二遍"。五天以后又在天寒地冻的深夜到清华园工字厅北面土山上的凉亭里，对着一片湖水，迎着北风练习演讲，直到严寒刺骨才返回宿舍。回到宿舍仍不罢口，又"温演说八遍"。第二天，又"习演说"。

上台的自信，表达的流畅，是建立在对内容充分熟悉的基础上的。

有底气，才会有勇气，只要你准备的时间足一点、内容多一点、课件熟一点，那么你上台一定更自信一点！

（2）环境的熟悉准备

首先，**熟悉场合**。紧张的根源之一是陌生感，破除陌生感的一大方法就是多登台。尤其是新手讲师在正式上课前，更需要找各种机会，多练手、多试讲，熟悉场合。

其次，**熟悉会场**。建议至少提前半小时到场，最好趁学员都没来，自己先上台演练一下，找一下感觉。如果一遍不熟，就再走一遍。这样，等真正登台时，肯定没那么紧张了。

最后，**熟悉学员**。等学员陆续到教室后，你可以跟早到的学员聊几句，寒暄和熟悉一下。等你开始上课后，眼神可以多跟他们交流，这会大大缓解你的紧张感。

熟悉场合、会场、学员，目的就是逐步消除陌生感带来的压力和紧张。

（3）状态的调整准备

首先，上台前做好四大调整。

一是**生理调整**。紧张会导致口干，建议你带杯温开水，感到口干时就喝一小口。

二是**运动调整**。紧张时身体会绷得很紧，你可以做些简单运动来调整，例如双手握拳，抓紧、放松，再抓紧、放松，反复绷紧和放松自己的肌肉。

三是**呼吸调整**。紧张时会感觉缺氧，你可以做深呼吸来缓和。轻轻吸一口气，将气先憋住，让氧气在周身循环，憋气时间大概为吸气的四倍，然后再慢慢呼两下清空。这是高气场深呼吸的142法则，能在最短时间内，让自己放松下来。

四是**氛围调整**。培训开场前，可以播放流行音乐或娱乐节目视频，借助视听素材，营造轻松的课堂氛围。

其次，上台后做好五大调整。

越是紧张，越要"装"得有自信，怎么"装"呢？

站姿稳一点，站定三秒再开口，稳场、稳口、稳神；**微笑多一点**，整理好表情，亲和力满满；**眼神定一点**，环视镇场，尊重人、吸引人；**声音**

高一点，缓慢、大声有力地说出第一句话，自动成为人们关注的焦点；**手势加一点**，让身体不再僵硬，让情绪更加饱满，展现你的自信和激情。先"装模作样"，再有模有样！

总的来说，在你做到内容精心准备、环境熟悉准备和状态调整准备后，你上台的自信和胆量，必定油然而生。敢于上台不害怕，哪怕台下黑压压；精心准备最重要，艺高才高人胆大。

小胡子画重点

1. 克服紧张 = 正视紧张 + 精心准备。
2. 紧张的五大根源：身体的本能、传统教育的影响、对陌生感的恐惧、群体心理的压力、完美主义的束缚。
3. 正视紧张，敢于突破，随时把自己碎掉，然后重建。
4. 做好三大准备：内容的精心准备 + 环境的熟悉准备 + 状态的调整准备。

9.2 眼法
眼神全面交流

戏曲界有句行话："一身之戏在于脸，一脸之戏在于眼。"眼神的交流，是表演者舞台艺术呈现的重要部分，也是讲师们授课表达的重要基础。

我们常说，眼睛是心灵的窗户，是内心真实的反映。研究发现，在眼球后方感光灵敏的角膜含有 1.37 亿个细胞，它们可以将收到的信息传送至脑部。这些感光细胞，在任何时间均可同时处理 150 万个信息。这说明，即使是一瞬即逝的眼神，也能发射出千万个信息，表达丰富的情感和意向。

在授课过程中，只要你目光炯炯有神，给学员的感觉就是元气满满、神采奕奕；只要你目光聚焦沉稳，给学员的感觉便是专业稳重、值得信赖。而你与学员目光的接触，也可以让学员感受到你对他的关注，让他感到更有存在感和对象感。

所以，眼神的交流，对讲师和学员都非常重要。那么，我们如何在授课中有效运用眼神，并在课下训练眼神呢？我总结了 432 法则：眼神交流四种技巧 + 眼神运用三大要点 + 眼神训练两项练习。

1. 眼神交流四种技巧

走上讲台后，如何更好地与学员进行眼神交流呢？

一是环视。登台之初，首先要环视镇场，用眼神与所有人打招呼，表示对他们的关注和尊重。讲授过程中，根据教室布置，可以沿顺时针方向，采用环视的方法，关注到全场。同时通过环视，时刻关注所有学员的神情和状态，包括表情、坐姿、动作，如发现学员注意力不集中，有看手机、打哈欠等现象，就要相应地进行课堂调节。

二是虚视。当学员比较多时，你可以按区域，一看看一大片，这时很多学员会感觉你与他们有过眼神交流。横向虚视时，目光从左边扫到中间，再到右边；纵向虚视时，目光从前面扫到中间，再到后面。

三是直视。如果上台紧张，你往往不敢看人，你可能会看屏幕、看天花板、看地板，但就是不敢跟学员在眼神上有直接接触，这样会让学员有受轻视之感。而且如果你眼神始终不敢跟学员交流，也会让他们觉得你很心虚。所以，你的眼神必须要聚焦，学会跟学员有眼神接触和交流，这样学员才会感受到你的真诚和尊重。当然，直视不是审视，时间不宜太长。

四是遥视。千万不要忘记，时不时看看坐在最后排的学员。"山高皇帝远"，他们是最容易走神的，要时不时用眼神送送"秋波"，传达一下你的关注。如果教室大，站在讲台上看不清他们，你也可以在互动时走下台，过去瞧瞧他们，让他们感受到你的关照。

2. 眼神运用三大要点

了解眼神交流的四种形式后，你在眼神运用中还要注意三大要点。

一是缓慢。讲课时如果眼神太飘、太快、游离不定，给人感觉就是不踏实、不稳重。所以，交流的速度不能太快，要缓慢，按照前后左右顺序，眼神逐一交流，不能跳跃。

二是稳定。眼神可以透露出来一个人的定力，要想体现你的稳重，眼神在交流时必须要有所停留。眼睛千万不要来回扫，要找一个你的目光点，就像对老朋友说话那样自然。你可以先直视比较熟悉的学员，跟他们进行眼神交流，然后再多关注学员当中职位高的、工龄长的、年纪大的，包括听课时开小差玩手机的。一次只盯着一个区域的一个学员。讲完一段话，再跳到另外一个区域，找学员进行眼神交流，那个区域的所有学员都会觉得你在看着他们,这样学员全都能被照顾到。

三是全面。人在讲话时,习惯性地只盯着一个方位看,从而忽视了其他学员。但是,所有人都是你的听众,都希望得到你的关注。为什么上课时,有学员不愿意听了,其中一个原因就是他发现你从来没看过他。你眼中没有学员,学员眼中就没有你。你不看学员,他自然就玩手机、刷微信了。所以,你的目光要关照全场,尤其是教室的四个角落,往往是视线交流的盲区,需要刻意留意。

3.眼神训练两项练习

如果你讲课时,眼神总是没光、没神、不聚焦,想要刻意训练的话,我给你分享两个练习方法:定视聚焦+动视追焦。

一是定视聚焦。先练习盯着一个点直视,对着镜子说话,盯着自己的眼睛看;或者录视频,盯着镜头看,练习眼神的定力。再找三个点练习,一个是正前方,一个是左前方45°,一个是右前方45°。训练中视线固定在这三个点,学会控制眼神,聚焦凝神。

二是动视追焦。盯着活动的物体或小宠物看,比如看打乒乓球、看金鱼游动,视线随之而动,让眼睛聚光和聚神。

著名京剧大师梅兰芳先生刚学戏时,两眼近视、眼皮下垂,师父说他目光呆滞,"死鱼眼""吃不了这碗饭",不肯教。梅兰芳痛定思痛后,驯鸽子练眼神,不管寒暑雨雪,每天鸽子自下起飞、自上降落,他的眼睛始终盯着鸽子运动。

为了练眼神,他还自创了梅式眼功:右手向前平伸上下摆动,头部不动,双眼注视食指指尖随着运动,手摆动逐渐加快,重复一百次,再换左手重复以上动作,晚上睡觉前、早晨及中午各做一次。日复一日,京剧舞台上终于出现了梅兰芳炯炯有神、顾盼有光的眼神,后来也才幻化出醉眼斜睨的杨贵妃、脉脉含情的白素贞、飒爽英姿的穆桂英等神采各异的舞台形象,享誉世界。

常有人说:"借我一双慧眼吧!"但是我想说,通过正确的眼神交流和刻意训练,不用从外部借,你自然就能眸若清泉、眼似秋水,让你的眼睛会说话。

小胡子画重点

1. 眼神交流四种技巧:环视 + 虚视 + 直视 + 遥视。
2. 眼神运用三大要点:缓慢 + 稳定 + 全面。
3. 眼神训练两项练习:定视聚焦 + 动视追焦。

9.3 手法
手势灵活运用

手势作为人类最早的表达方式，具有丰富的表现力，加上手有指、腕等多个关节，活动幅度大，有着高度的灵活性，是表情达意的最有力手段，在讲师的风范塑造中有着神奇的魅力。

在培训授课中，得体的手势语言，具有表现力，可以体现讲师的自信；具有冲击力，可以呈现讲师的热情；具有感染力，可以展现讲师的气势。

不少新手讲师在上台后手足无措，突然发现自己好像多了只手，摆哪儿都不自然，放哪儿都不自在，恨不得不带上台。有三种比较忌讳的手势，我们首先要规避：一是背手派头型，单手或双手背在后面，给人感觉像是领导训话，高高在上；二是插袋耍酷型，手实在不知放哪里，干脆顺势插到裤子口袋，看似挺酷，实则别扭；三是抱手老成型，单手或双手交叉抱在胸前，这也是缺乏信心和安全感的表现。

那么，该出手时，如何正确出手呢？我们需要掌握：手势运用三种手法＋手势运用三大原则＋手势练习三大方法。

1. 手势运用三种手法

授课中有三种基本手势——"剪刀、石头、布"，即指法、拳法、掌法。

（1）指法

指法在授课中的运用比较多，如图 9-2 所示，可伸出 1～3 个指头，表示数目；也可将大拇指与食指捏在一起，代表强调。

图 9-2　手势指法的运用

指法在运用中，可以指天指地，但要注意不能指人。你可以指点，但不能用手指指点点，这是基本礼节。讲课不是领导训话，对学员要有足够的尊重。

（2）拳法

拳法主要用在号召、表达希望时，或表示决心、决定时，可以起到鼓舞、强调、激励的作用，能给人以信心、力量。

（3）掌法

掌法是授课中运用频率最高的手势，可表示指示或者加强语气。如图 9-3 所示，根据出掌形式，我总结为三式：点菜式、切菜式、端菜式。

图 9-3　手势掌法三式

点菜式：掌心朝下，像找服务员点菜一样。在运用时，结合重要观点的讲述，手势可以有节奏地停顿。

切菜式：手成刀的形状，手掌竖立，五指略微分开，虎口微张。在运用时，手腕部位稍用力，可加强语气。

端菜式：这种形式似服务员上菜，掌心朝上，虎口微张，一般在陈述内容时运用。

2. 手势运用三大原则

掌握了三种手法，那么，如何运用呢？要注意三大原则。

（1）大方自然

手势运用，首先要符合审美习惯，贵在自然。手势不是武术招式，动作不能僵化死板，也不能过于做作。手及手臂，可适度弯曲，不能太笔直，这样显得更自然，看起来更舒服。也不要只有一只手在动，左右手可以适当地换话筒，学会左右开弓。

（2）协调一致

手势首先要和内容协调——讲什么话，出什么招，与语言一致，应声手起。其次要和感情协调，手势幅度、力度与感情成正比，和声音、姿态、表情统一。最后要和场合协调，当学员比较多、讲台比较大时，要用肩部带动，多做上位手势，这样更有视觉冲击力。

（3）简练有力

手势要干净利落，不能有太多零碎动作。拿得起，放得下。没有手势要做时，手可以自动放下。不然垂在胸前或一直端着，都会显得僵硬。

另外，在强调语气时，要微微借助腕力，有所停顿，有一个手腕微沉的动作。这样，你的手势会更有力量，表达会更有气势。

3. 手势练习三大方法

手势属于行为习惯，开始时你会感觉怎么出手都难看、别扭。怎么办？赶紧办！一个字：练！两个字：多练！给你推荐以下三种练习方法。

(1) 听歌练

一边听歌，一边抬起手打节拍，学学指挥，练习手势运用的灵活性和节奏感。

(2) 对镜练

对着镜子练手势，直接观察自己的手势运用，这样更有对象感；或用手机自拍，对着镜头练习手势。

(3) 随时练

只要需要表达，就多用肢体语言表达。不管是沟通交流，还是汇报发言，让手势成为一种习惯。

手势不练难成形，只有多练，才能从别扭转为不别扭，从不习惯转为习惯，从不自然转为自然。

平时多抬贵手，逐步得心应手，上台方能大显身手。

小胡子画重点

1. 得体的手势语言，让你的表达更有表现力、冲击力和感染力。
2. 授课三种基本手势：指法、拳法、掌法（点菜式、切菜式、端菜式）。
3. 手势运用三大原则：大方自然、协调一致、简练有力。
4. 手势练习三大方法：听歌练、对镜练、随时练。

9.4 站法
成功第一站

俗话说：坐有坐相，站有站相。在培训授课中，我们只强调站相，因为一般情况下建议不要坐着讲课。

站着授课有什么重要作用呢？一是可以体现你对培训、对学员的基本尊重；二是站着讲话，气血通畅、声音洪亮，更有气场；三是站起来后，你能注视全场，时刻关注学员的一举一动，他们的注意力会更集中，你也更容易走下讲台，跟学员交流互动。有位内训师，以前讲课都是坐着念的，在参加 TTT 培训后半年，给我发消息说，这次给新员工讲课时没坐着，气氛都变活跃了。

培训不是开会，也不是讲座，以前坐着讲课的老师，现在请起立！在站着授课时，站姿方面还有什么要求呢？请记住两个关键点：站稳＋站直。

1. 站稳

在台上，首先要站稳，女士可呈 V 字形以丁字步站立，男士可两腿自然分开与肩同宽。在站立过程中，身体下盘要沉稳有劲，不能前后左右摇晃或讲几句就走动一下，这样会给学员你不稳重的感觉。几何学中最稳定的形状是三角形，底部宽、顶部窄，你的身体也应该构成稳固的三角形，这会让你看起来泰然自若，而且，一旦身体处于平衡状态，我们的头脑也更容易保持冷静。

2. 站直

在站稳后，还要站直。有的人在上台讲话时，习惯性斜着胯，这样会给人松松垮垮、特别随意的感觉。站如松，就是说站着要像松树那样挺拔。那么如何做到这一点呢？

记住三平两直：头平、眼平、肩平，腰直、腿直。

站立，不仅是身体的动作，也是精神状态的体现。只有学会控制自己的身体，做到稳和直，脚下有根，才能给人自信饱满、玉树临风的感觉。正如诗人杜甫在《饮中八仙歌》中夸奖名士崔宗之："宗之潇洒美少年，举觞白眼望青天，皎如玉树临风前。"

小胡子画重点

1. 培训不是开会，也不是讲座，请站着授课。
2. 泰山压顶，站稳不摇晃；玉树临风，站直不斜胯。

9.5 步法
身动制造生动

在站起来授课后,有些讲师又会出现另一个问题:站在讲台后面一直不动,走不出来。讲师授课,完全可以轻松走动起来。

这是为什么呢?一是有利于自己的身体健康,如果始终站着不动,讲一堂课下来,肯定腰酸腿疼;二是有利于吸引学员目光,身动能制造生动;三是有利于调动课堂气氛,只有不时走到学员身边,与他们互动交流,课堂氛围才能活跃起来。

那么,在课堂上如何走动呢?请记住:两方位+三注意。

1. 两方位

一是在讲台上呈三角走动。如图9-4所示,投影幕布前方A、B、C三点,是授课时的走位黄金区域。在口头表述时,你可以站在C点;而需要引导学员看投影时,你可以后退到A点或B点。同时,由于投影光线的照射,要注意不宜直接从A点走到B点。

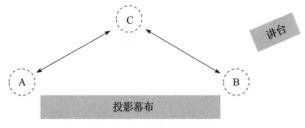

图9-4 讲台走位黄金区域

二是在教室里前后走动。与学员互动时，不要站在讲台上遥相呼应，你要走到学员身边，与其近距离接触。好讲师要走得上台，也要"深入群众"，走得下来。

2. 三注意

一是走动不宜太频繁、太零碎，步伐要稳健，走几步需要停一停，灵活中不失稳重。

二是强调时可不动，描述时可稍动，互动时一定要走动。

三是不论向前走，还是往后退，在讲授过程中都要始终正面朝向学员，不能背对着他们。

小胡子画重点

1. 在授课中身动能制造生动。
2. 在授课中灵活走动，记住：两方位 + 三注意。
3. 在课堂上站一站、走一走、停一停。

9.6 声法
声音气场修习

授课表达也是一门听觉艺术，站在讲台上面对一群人讲话时，有节奏感和穿透力的声音，是你自信的表现和气场的体现。

对讲师的声音要求，不一定像对播音员、主持人那样做到玉石之声、珠圆玉润，但需做到：声音洪亮、吐字清晰、快慢得当、抑扬顿挫。

声音有力量，讲话才有分量。但不少讲师在授课声音上，存在两个问题：一是音调过沉，声音太低，细弱游丝；二是音调过平，没有节奏，毫无波澜。这样的声音呈现，既让学员听不清、听不明，又容易使学员走神、犯困。

那么，如何才能改善这两大问题呢？需要做好两大练习：练气 + 练声。

1. 练习一：练气

欲发声必先具气，无气则声不鸣。气息不足，声音就不洪亮；气息不足，说话就要完全靠嗓子喊，时间一长，嗓子容易嘶哑；气息不足，没有气流通过腹腔、胸腔、口腔、鼻腔而产生共鸣，没有共鸣，声音就没有弹性和张力。

练声不练气，真的没有戏。如何练习气息呢？两个方法：吹气法 + 打枣法。

（1）吹气法

著名表演艺术家、话剧泰斗李默然老师，在鲁豫的访谈节目中曾经做过示范：单手伸直，手掌弯曲，掌心与嘴唇相对。深吸一口气，嘴唇收紧,将气流缓缓吹出来,掌心要感受到你的气流。吹的时候,要控制气息,想象前面有一支点燃的蜡烛,气流吹过去,蜡烛火光摇曳,但不被你吹灭。

这个练习主要训练一口气吹的时间长度,时间越长,说明气息越饱满、气流越深沉。根据以往练习的记录,女士达到20秒以上,男士达到40秒以上,气息就是比较饱满的。

（2）打枣法

在吹气练习后,再进行"打枣"练习。以下台词,从头念到尾,要求一口气,中间不能停顿和换气。它在练习气息的同时,可以锻炼口腔肌肉。

一口气打枣法

出东门,过大桥,大桥下面一树枣,拿着竹竿去打枣,青的多红的少。1个枣、2个枣、3个枣、4个枣、5个枣、6个枣、7个枣、8个枣、9个枣、10个枣。10个枣、9个枣、8个枣、7个枣、6个枣、5个枣、4个枣、3个枣、2个枣、1个枣！一口气说完才叫好！

2. 练习二：练声

气为音服务,坚持练习气息的同时,更要练习声音。在声音上,有些讲师会纠结于自己普通话不标准,其实这个问题不大。乡音本难改,有口音是难免的。关键在于讲课时,要做到吐字清晰、节奏分明。

那在讲课时,声音如何做到有节奏呢？要做好两调节：调音量＋调语速。

（1）调音量

一是高调：重音。何时需高调呢？上台刚开口时、说明要点时、现场氛围沉闷时、学员注意力不集中时、结尾号召呼吁时,可以调高音。尤其是对于重要的知识点,需要高调讲,不能始终平铺直叙,不然学员感觉不到哪些是要点，没有通过声音来强调，那要点自然就被忽视了。

如何高调呢？高调不是扯着嗓子喊，那样出来的声音太细太尖，既刺耳又容易跑音。只有气息饱满，声音才饱满。所以，想要高调，先吸气，再出气。声音提高时，习惯性地先吸气收小腹。这样，气息能通过腹腔、胸腔、口腔产生共鸣，让声音更有磁性和张力，能传播得更远。另外注意语调尾声上扬，如"各位学员早上好"中的"好"字声调上扬。

当然，讲话时音量不能始终在高位，尽管学员在最初会认为你有激情，但时间一长，他们会容易疲劳，也会感觉你肤浅、不稳重。

二是低调：低音。说话时间长时，不能总是高调，这样学员听起来容易疲劳，而且你的嗓子也承受不了。在观点阐述、案例分享、故事演绎时，一般都是采用中低音，娓娓道来，大家听起来也舒服、自然。

如果想在故事演绎中制造悬念，在观点阐述中强调重点，你可以用"加快语速，突然压低声音"这一招，也能有效引起学员的注意和重视。

三是停调：停顿。停调，是声音节奏中的停顿。文章需要标点，说话需要停顿。"此时无声胜有声"，合理的停顿，是突显表达重点、调节说话节奏、创造声音美感的需要，也是让学员更容易理解和接收信息的需要。

表达中断句与停顿的方式也有三种。

第一种是逻辑停顿。按照标点符号停顿，这是最简单、容易的停顿。比如你在上台问好后，就应该停顿，静待学员的掌声回应，这时你就与学员有了互动。

第二种是语法停顿。句首关联词或语气词之后，主语和谓语之间，谓语和宾语、补语之间，一般都可停顿。比如："激情和热情 / 是什么？就是 / 一个人对工作、生活 / 高度 / 责任感的体现。"（/ 表示停顿号）

第三种是感情停顿。在两个标点符号之间，在无标点处，因情感的表达与抒发而停顿。感情停顿往往与逻辑重音、感情重音相配合。比如："如果 / 信仰有颜色，那一定是 / 中国红！"

另外，停顿时不要戛然而止，稍微运用共鸣腔带点尾音，声断音不断。

在声音练习时，可以采用标记法，在讲稿上标记出重音、低音、停顿，对照练习。

（2）调语速

一是快速。语速什么时候可以稍快一点呢？第一种情况是在表示激昂情绪，需带动气氛时；第二种情况是在时间紧凑，讲述非重点内容时。

但语速不能总是很快，否则学员听不清，也会给他们留下你内心慌张、定力不够的感觉。如果你平时讲话习惯性语速过快，怎么办呢？

台湾资深配音员周震宇在《声入人心》这本书里，提到一个训练方法：专门用慢速度来念一段话。如果一段话，原来你读了一分钟，那就按一分半甚至两分钟的标准来刻意练习。

二是中速。讲述过程中要求语速适中，跟平时说话聊天时语速一样，原则是让大家听得舒服、听得清楚、听得明白。

水深则流缓，语迟则人贵。水越深，水流的速度反而越平缓。静水深流，要学会以放松的状态和语速来传达想法。你有没有发现，有水平、有涵养的人，说话都是不急不躁的？一般来说，越权威的专家说话越稳，越厉害的人说话越缓。比如，曾仕强教授讲课，从来都是娓娓道来，让人听起来感觉非常舒服。

三是慢速。在强调重点、突出要点时，需要有意放慢语速，既能适时引起注意，又能给学员留下足够的反应和理解的时间。讲课是一种口语传播，跟看一篇文章最大的区别是，说过就过了，不能倒回去重新听。在关键信息的表达上，千万不要高估听众的理解力，要有意识地等一等，刻意放慢语速，甚至重复强调，等学员明白了再继续讲。

当然，你讲话也不能一直是慢速，否则学员会感觉你没有活力。

声音如同生活，也要学会控制速度，太慢会失去生机，太快会错过风景。说话没有节奏，好似生活没有起伏，如同闻一多先生笔下的："这是一沟绝望的死水，清风吹不起半点漪沦。"如果你始终用一个语调说话，会给人留下刻板、冷漠的印象。只有学会调节音量和语速，你讲话时声音才会有变化，有轻重缓急、抑扬顿挫的节奏感和韵律美。

那么，在平时要如何练习音量和语速的调节呢？最有效的方法是朗诵。通过朗诵，训练你对节奏和声音的驾驭，尤其是对情绪的把控，以心发声、以声传情、以情动人。比练习语音语调更重要的是，**学会带着情绪说话**。气为音服务，音为腔服务，腔为字服务，字为词服务，词为情服务。气随情动，声随情走。声音是我们真实情绪的流露，情绪状态有了，语音语调自然就跟上了。激情有了，感染力自然有了；热情有了，穿透力自然有了。只有精神饱满，声音才会饱满。不会运用情绪，没有激情热情，只练习语音语调是无用的或者说是舍本逐末。

有节奏、有感情的朗诵，是有效训练声音气场的最佳方式。我在看《曾国藩家书》时发现，曾国藩在写给儿子曾纪泽的家信中，有两次专门提到朗诵："余久不作诗，而好读诗。每夜分辄取古人名篇高声朗诵，用以自娱。""非高声朗诵则不能得其雄伟之概，非密咏恬吟则不能探其深远之韵。"你看，曾国藩当年不光自己练习朗诵，还让儿子一起练习。

朗诵，也是我多年来在声音练习中最受益的方法。

20多年前，我在部队时想练习声音，但什么条件都没有，没人教，没法出去学。于是托朋友买书回来自己学，买收音机模仿播音员学发声，买录音机磁带听名家朗诵，有了电脑后，在网上找各种视频来学。我练习声音的笨方法就是朗诵，反复听、反复模仿、反复练习。多年过去，尽管在发音吐字上无法做到"嘈嘈切切错杂弹，大珠小珠落玉盘"，但至少可以轻松驾驭声音，自如运用气息，连续讲十几天课，嗓子不嘶不哑，这都是长期练习的结果。

通过我的亲身实践，是想告诉大家：好声音是练出来的！

想在短时间内改善声音的话，这一节给大家介绍的练气、练声三种方法（吹气法＋打枣法＋朗诵法）可同步采用：每天练习15分钟，持续21天，再巩固69天，共90天。坚持三个月，一共22.5个小时的练习，相信你的声音、气场肯定有所变化。当然，声音的改善是一个慢变量，也不用过分强调练声的形式，否则难以长期坚持。把每次当众发言和培训授课都当成练声，潜移默化、润物无声，你的声音必定会越来越好。

最后，作为讲师，我们也要懂得保养嗓子。尤其是职业讲师，用嗓频率高，更需要注意。上课期间，随身自带保温杯，不喝凉水。如果要连续几天讲课，担心嗓子会嘶哑的话，可以去中药店买胖大海、麦冬、金银花、野菊花一起泡水喝，清喉利咽。

好声音需要练习，好嗓子需要保养。

小胡子画重点

1. 声音不洪亮，要练气：吹气法 + 打枣法。
2. 声音没节奏，要练声：朗诵法，调音量 + 调语速。
3. 比练习语音语调更重要的是，学会带着情绪说话。激情有了，感染力自然有了；热情有了，穿透力自然有了。精神饱满，声音才会饱满。
4. 把每次当众发言和培训授课都当成练声。

小胡子敲黑板

·本章小结·

不少新手讲师在练习台风时，最初都会感觉不习惯、不自然。不是忘了眼神交流，就是忘了手势，更别提还要注意声音的节奏。

这是为什么呢？其实原因很简单，因为我们大脑的内存空间是有限的。在一个场景下，每个人只能感知到最重要的事情和刻意注意的部分，常常对其他部分视而不见，这种现象在心理学上被称作非注意盲视现象。站上讲台后，你心里最惦记的肯定是要讲授的内容，光想着要讲什么，自然就忽视了台风。

这个对我们的启发有两点：一是只有对课程内容充分熟悉，烂熟于胸之后，大脑才能腾出多余的内存空间和精力，觉察和留意你的眼神、手势、站姿、步法和声音；二是要通过刻意练习，把得体的台风呈现，变为你的肌肉记忆和潜意识。只有这样，在需要用时，你才能在不占据大脑内存空间的情况下，自然而然就展现出来。

那么，如何将台风练成潜意识和肌肉记忆呢？《从极简到极致：在擅长的领域做一个厉害的人》一书中，作者给出一个公式：**成功 = 核心算法 × 大量重复动作**^{2}。

曲不离口，拳不离手。只有将练习常态化、生活化，通过大量重复的刻意练习，才能让你的台风呈现从不习惯到习惯，从不自然到自然，从有意识到无意识，才能让眼神交流、手势动作、良好站姿、自如走动、声音驾驭成为你的习惯。

水温足够茶自香，功夫到了自然成。

三元模型

让掌控有张有弛

第 10 章

> 天时不如地利，地利不如人和。
>
> ——《孟子·公孙丑下》

这句话的意思是，在作战中，有利的天气、时令，比不上地理形势；有利的地理形势，比不上人心所向、内部团结。孟子用战争打比方，以诸侯们听得懂、喜欢听的方式，来宣传自己的"仁政"主张。

而在培训授课中，天时、地利、人和这三大元素，恰恰也是讲师把控全场需要掌控的。

"天时"可以看作是对培训时间、进程的把控，"地利"是对培训场域、氛围的掌控，而"人和"是指控场应变以及通过互动激活学员。

对时间、场域、人员的三元掌控，是衡量培训讲师实战能力的重要标准。如图10-1所示，在本章中，我们将通过了解三元模型，学习如何轻松掌控全场。

图10-1 三元模型

10.1 天时
时间把控

新手讲师在初次授课时，往往会对时间没有概念，不知道怎么把控好时间。不是讲快了，没到下课时间，内容就全部讲完了；就是讲慢了，快下课了，但还有好多内容没讲。

那么，如何更好地做好培训时间的管理呢？按照培训前中后三阶段，我给你支三招：培训前做好规划＋培训中做好应变＋培训后做好改进。

1. 培训前做好规划

凡事预则立，要做好培训时间的管理，同样需提前做好规划。你可以在备课时根据培训时长，画一张时间计划表，对培训内容进行时间分配。

比如要安排 1 个小时的培训，可以这样计划：

培训内容	计划时长	计划时间
开场导入	5 分钟	9:00～9:05
第一章	10 分钟	9:05～9:15
第二章	20 分钟	9:15～9:35
第三章	20 分钟	9:35～9:55
培训收结	5 分钟	9:55～10:00

如果是 3 小时的培训，中场要安排一次休息：

计划时间	培训内容	计划时长
9:00～9:10	开场导入	10 分钟
9:10～9:40	第一章	30 分钟

（续）

计划时间	培训内容	计划时长
9:40～10:20	第二章（第一、第二节）	40 分钟
10:20～10:30	中场休息	10 分钟
10:30～10:50	第二章（第三节）	20 分钟
10:50～11:50	第三章	60 分钟
11:50～12:00	培训收结	10 分钟

曾经有一位内训师跟我说，他平时做培训，一讲就是 3 个小时，中场都不休息，初衷是一气呵成完成培训，其实这违背了成人学习的规律。

通过研究人类的脑电波，学者发现，人的清醒度会以 90 分钟为周期发生变化。说得具体一点，人脑比较清醒的 90 分钟和产生倦意的 20 分钟会交替来到，形成一个循环。正如足球比赛以 45 分钟为一个半场，整个比赛为 90 分钟。如果在 90 分钟之外还有补时的话，一般在这个时间内球员的失误比较多，因为这一时间超过了人类 90 分钟的精神注意力限度。所以，对于半天或 3 小时的培训，中场一定要安排一次休息，这样更有利于学员注意力的恢复和持续。

2. 培训中做好应变

在规划好时间之后，如何在培训实施中进行掌控呢？你可以把时间规划表打印出来放在讲台上，然后在一章节讲完之后，安排学员复习回顾时，看一下时间，对照原计划的时间节点：如果讲快了，那么下一章节可以讲慢点；如果讲慢了，那么下一章节就需要讲快点。这样的话，到结束时，整体培训的时间不会相差太多。

当然，这是理想状态，如果你是第一次讲课，往往会由于内容设置的原因，导致讲授时间跟计划时间存在差异。这时会有以下两种情况。

第一种情况是时间多了，比如原计划培训 3 小时，你一紧张，讲快了，再加上内容不丰富，很有可能两小时就讲完了。这时，离下课时间还早，你该怎么办呢？

先举个例子,曾经有位内训师就遇到这种情况,他在授课结束后给我留言:

> 小胡子老师,向您汇报一下。原本9:00~12:00的培训,没想到提前到8:30开始,结果到11:00内容就讲完了,怎么办呢?我灵机一动,就让每个小组讨论在回去之后如何运用今天所学,并分享平时工作中遇到的典型案例。

这位内训师的做法值得肯定。如果时间还早,你又没东西讲了,那最好的方法便是组织小组讨论。可以让他们结合工作中遇到的问题,讨论如何运用所学来解决问题,然后请小组派代表发言,最后再让学员自己总结学习心得,并在组内分享。所以,你最好提前做应急预案,如果时间没到,你需要有备份的教学活动。

当然,最关键是备足料,曾经有位讲师给企业讲管理课程,上午提前半小时下课,下午又提前半小时下课,结果企业自然不满意了。后来才知道,这位讲师有好长时间没讲课了,内容生疏,又没提前准备好,这就是培训的大忌。对讲台、对学员负责,这是最基本的操守。

第二种情况是时间不够,内容太多,快到下课时间了,你的内容还没讲完。这时,你又该怎么办呢?先来做个选择题吧,请从下列两个选项中选择一个:

A.后面内容快速过,按预定时间下课

B.拖延时间把内容讲完

作为讲师,在实际授课中可能选A、选B的都有。但这个答案如果让学员选呢?他们肯定都会选A。快到下课时间时,学员早在偷偷看表,做好下课准备了,心思已经不在课堂上。所以,按预定时间下课,是对讲师时间管控的基本要求。快到点了,你就要加快进度,可以直接跳过非重点内容或案例。如果你是职业讲师,要讲两三天的课程,那么我建议你灵活设置最后一部分内容。时间宽裕,可多案例、多练习、长篇大论;时间紧凑，则选重点、择要点，短篇评说。

到了下课时间，注意一定不要拖堂，因为学员都在盼望下课，没人愿意听你啰唆。多啰唆几句，学员对你的好感就降低几分。总的原则就是，按时下课的讲师，一定是受学员喜欢的讲师。

3. 培训后做好改进

每次培训结束后，都要及时总结复盘，对照之前的计划，看看哪些章节需要的时间更多一些，哪些章节用时可精简一点。好的课程，不止讲一次，每次上课时，你可以及时记录各章节授课节点，并在课后更新完善时间规划表。这样，讲授多次之后，你对时间节点的掌控才会游刃有余。

时间感是可以培养的，只要勤加练习和精心准备，你对时间就会有更清晰的感知和掌控。

小胡子画重点

1. 做好培训时间的管理 = 培训前做好规划 + 培训中做好应变 + 培训后做好改进。
2. 按时下课的讲师，一定是受学员喜欢的讲师。

10.2 地利
场域营造

一个人的认知、情绪和行为，会受所在场域影响。这就是场域理论，起源于19世纪中叶的物理学概念，是社会心理学的主要理论之一。场域，既包括有形空间——物理环境，也包括无形空间——人与人之间的关系。在这个空间里充满了各种能量，能量之间相互传递、交换、干扰和影响，从而完成对人的影响和塑造。培训的环境以及学习的氛围，就是培训的场域，它对一次培训的成功实施和效果达成，同样有着重要影响。

一个好的培训场域，不仅能吸引学员融入培训，还能促进学员对知识的理解和思考。那么，培训场域如何构建呢？两个动作：环境构建+氛围营造。

1. 动作一：环境构建

有形环境的构建，主要包括对座位、光线、温度、设备的准备和管理。

（1）座位

不同的环境，会使学员产生不同的心情和状态。培训授课，建议尽可能分小组，将座位摆成岛屿式：一是与平时沉闷的会议式形成区别，不然学员一到场，便会产生过来开会的感受；二是能让学员更好地参与。

对于一天以上的培训，座位可以变动，因为需要照顾坐在后面的学员。如图10-2所示，在安排小组座位时，最好是顺时针摆放，这样在第二天方便调整。

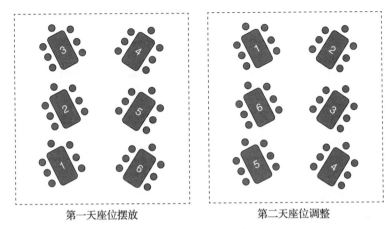

图 10-2　座位的摆放和调整

另外，尽管安排好了座位，但在培训中，还要注意学员到场情况及变动情况。教室就是一个气场，好的气场要聚气，气宜聚不宜散。如果在一个小组中出现了几个空位，那么这个小组的气就散了；同样，如果教室里学员坐得零零散散，那么整个教室的气就散了。所以，如果学员到场率低，有的小组空位较多，你就需要临时调整，将小组进行合并，并撤掉多余的座位。如果是排排坐，前面空座位多，那么在开课时，你需要提出要求：请坐在最后几排的学员起立，往前面坐。我在讲授一些重要章节时，甚至会请最后面两个小组学员，带着椅子直接往前面坐。

人聚在一起，彼此影响，学习的气场自然形成了。

（2）光线

除了座位，你也要注意教室的光线。亮堂的教室，会让学员有开阔明亮的感觉和体验，也让后排学员看得清投影上的内容；如果教室灯光昏暗，会让学员感觉沉闷，他们也容易打瞌睡。所以，除了考虑讲台上面的灯光是否会影响到投影效果，教室内其他灯光应尽量全部打开。

另外，如果天气好，可以考虑拉开窗帘，让自然光照进课堂。《脑科学与课堂：以脑为导向的教学模式》一书中提到，科学研究发现，在自然光最多的教室中学习的学生，其考试成绩会比其他人高出 20%～26%。在照明最接近自然日光——具有紫外光补偿的全光谱荧光灯的教室中学习的孩子们，在身体健康、到校率和学习成绩上，比在用白色冷光荧光灯照明的教室中学习的孩子们，有显著的提升。所以，在学习中，别忽视了光线的作用和影响。

（3）温度

教室内的温度，也会对学员的学习状态有所影响。如果人多且教室完全封闭，会产生闷热的环境，在这种环境下，学员的状态和情绪会莫名受到影响。因此，夏天温度高时，你需要提前开好空调。另外，中场休息时注意开窗、开门通风。

（4）设备

在环境把控中，硬件设备的准备和检查同样必不可少。在培训开始前，你要提前至少半小时到场，做好四检三调：

四检——检查电脑是否插好电源、检查翻页笔是否正常、检查话筒是否有电池、检查白板笔是否有墨水；三调——调试话筒音量、调试电脑音频、调试投影仪。

另外，在所有硬件中，最重要的是要做好课件备份管理。先说一个我的亲身经历，在多年前的一次培训中，到了会场打开电脑后，我发现准备的课件竟然损坏了，文件完全打不开，前一天晚上也忘了备份。我惊出一身冷汗，幸好提前半小时到的会场，赶紧临时重新设计，最后赶在上课前几分钟，将上午的培训课件先做出来了。从那以后，我将制作的课件第一时间存到百度网盘，再拷贝一份到U盘。这样的双保险可以确保即使文件、电脑都坏了，也能有备无患，不影响正常上课。

2. 动作二：氛围营造

好的学习氛围，是让学员学到东西的重要前提。那么，如何营造好的学习氛围呢？需要三大元素：轻松元素＋联结元素＋体验元素。

（1）轻松元素

培训的场域越严肃，学员的大脑神经元越难活跃起来，在课堂上接收信息越被动。即使再严肃、专业的课程,也可以通过你的准备,设计轻松元素。比如,早上开场时播放最新的流行音乐,课程讲授时插入幽默的图片和视频作为素材案例,中场休息时播放娱乐视频,下午开场时做些互动小游戏或健身操。别小看这些小元素,它们能对活跃场域氛围起重要调节作用。

(2)联结元素

心理学研究表明,一个人因为受心智模式的影响,进入一个场合后,最大的障碍是习惯性防卫和习惯性无助。而每个人都是社会性动物,只有与身边的人熟悉起来、与整体团队融合起来,才能消除防卫、降低无助感。

首先是学员之间的联结。划分小组、组建团队、组内分工、与其他小组进行积分竞赛等活动,都可以促进学员之间构建良好的关系。

其次是讲师与学员之间的联结。讲师在课中要启发学员思考、思想碰撞,时刻关注学员状态,感受学员的情绪,顺势而为,适时而动;课间走下讲台,深入学员当中,了解他们的学习情况,拉近距离。职业讲师在培训中,还可以留意学员名单,刻意记住几个学员的名字(最早到场的、年纪比较大的、职务比较高的、上课最活跃的、最认真听讲的)。这样,如果你能在课上直接叫出学员的名字,肯定能让他感受到你不一样的关注和尊重,说不定还能成为你的忠实听众和粉丝。

好的学习,会因为彼此的深度联结而拥有温度。

(3)体验元素

退休的老人,出门拎着收音机,进门看电视,没几年就容易得老年痴呆症。这是为什么呢?因为他全在被动接收信息,没有主动参与,大脑神经元没有连接。所以在培训场域内,要想完成能量交换、能力生成,就要不断激活学员。你可以设置有趣的体验情境,通过提问、小组讨论、角色扮演、模拟练习等教学活动,促使学员切换状态:从被动接收状态切换到主动参与状态。

好的课堂,是以学员为中心的,讲师只是引导者。**讲师的任务是启动**

学习。当学习启动了，讲师便需要把路让出来，让学员自己投入和参与。学员沉浸体验的时刻，就是个体力量被激活的时刻，是空间能量流动的时刻，也是场域氛围最好的时刻。

最理想的场域是什么样的呢？它能让大家沉浸其中，忘了时间，忘了自我，意识处于一种不设防的流动状态，心理学家米哈里·契克森米哈赖将其称为心流。当我们平时专注于做某一件事情时，都会感受到这种状态。如果学员忘记了看手机、忘记了分神，时刻享受课堂的氛围，下课时感慨时间过得太快，那说明他们已经进入了最好的心流状态。而这种状态会在场域流动，相互感染，讲师带动学员，学员影响学员。构建一个拥有心流的学习场域，是讲师和学员需要共同努力的目标。

总的来说，通过有形环境的构建和无形氛围的营造，才能把学员和你拉到一个屋檐下，在一个充满能量、活力和心流的场域中轻松学习。

小胡子画重点

1. 培训场域的构建，取决于两个动作：环境构建 + 氛围营造。
2. 有形环境的构建，要做好座位、光线、温度、设备的准备和管理。
3. 无形氛围的营造需要三大元素：轻松元素 + 联结元素 + 体验元素。

10.3 人和
控场互动

把握天时，构建地利，最终都是为了人和。那么，如何做到人和呢？有两个关键动作：控场应变 + 互动激活。

1. 动作一：控场应变

（1）灵活控场

我们先说一下控场，小课堂大世界，培训中会有各种学员，会遇到各种状况，你的处理方式不同，导致的结果也会不同。

第一种情况，有学员打瞌睡。

有一次在 TTT 培训中，有位内训师专门问我这个问题，说他培训时，经常有学员打瞌睡，问我要不要叫醒他们。

我的意见是，如果学员打瞌睡，你不叫醒的话，那他肯定会影响周边的学员。在场域中有正能量，也有负能量，不管哪一种能量，都会相互传播和影响。发现有一位学员打瞌睡，而你不干预的话，那教室里睡觉的人就会越来越多。

那么，如何提醒打瞌睡的学员呢？你不能直接走过去，当面叫醒他，因为这样他会感觉没面子。给你支三招，保证你悄无声息地叫醒他。

一是声音叫醒，提高你的音量，或者正好课件中插有视频案例，你可以播放时把音量调大点；二是活动叫醒，适时邀请所有学员一起做一个动作，甚至请所有学员起立参与活动；三是提问叫醒，当然不是找睡着的学员回答，而是找他身边的学员，当他旁边的学员一起立，他自然就醒了，属于被"动"醒。

如果连续几招下来，都没叫醒他，那估计是有特殊原因，你在中场休息时需要专门去关照一下他。我曾经在下午培训时，发现一位学员趴在桌上睡着了，后来中场休息时，特意过去找他聊聊，才知道原来他是中午陪客户吃饭，喝多了。

第二种情况，有学员开小差、讲小话、玩手机。

这是在平时培训课堂上最常见的现象了。这时，你需不需要控场、提醒呢？同样需要，因为这些行为会影响到周围学员的注意力，从而形成学习干扰。有干扰就必须要干涉。而且如果学员发现你只顾在台上"念经"，对台下学员的状况熟视无睹、不管不问，那他们就会更加肆无忌惮。你的地盘，你需要做主。

怎么提醒呢？当然不能直接挑明，否则只要学员不尴尬，尴尬的就是你自己。最简单的招式是：高调、出手加瞪眼，即声音高起来、手势指过去、眼神盯过去，同时提醒一句："大家注意，这一点特别重要，一定要引起重视！"甚至可以通过直接上前提问，让那些学员知道，你一直都在关注着他们。

第三种情况，现场有牛人、高手。

年轻的讲师在上课时，往往需要多留意课堂上资深的员工、年纪大的学员，说不定他们是某方面的牛人、高手，本不需要上课，只是由于企业统一安排，才不得不过来听课。

面对这样的学员，我们要记住一个原则——"敬人者，人恒敬之"，想要得到别人的尊重，你首先要给予别人足够的关注和尊重。企业内训师如果清楚他们的工作背景，那么在授课中可以适时将他们作为案例点名表扬，邀请大家给他们鼓掌和点赞；而职业讲师可以在课间休息时，专门找他们聊几句，同样表达一下你的关注。

水低为海，人低为王。大海地处低洼，才能成就广阔；人让自己处于最低的状态，才能容纳更多东西，得到更多认同。

（2）机智应变

再说一下在课堂上面对突发的情况，你要如何应对。

第一种情况，答不上学员提的问题，怎么办？

有一次给一家发动机设计单位培训时，他们的内部讲师就说自己遇到这样的情况：去给用户培训技术时，在答疑环节，因为有的学员提的问题比较偏，结果讲师一时答不上。针对这种情况，后来我给了三条建议，具体如下。

一是在培训开场时，设计课前调研环节，每人在便利贴上，写出在本次培训中你最希望解决的问题。讲师收集完所有问题后，利用休息时间，对学员所提问题进行盘点，想好对策和答案，这样在最后答疑时，不至于答不上。

二是针对个别学员提出的比较偏的问题，不便于公开回答的，在课间直接找学员进行沟通，先行答疑处理。

三是学员在学习过程中，再提出尖锐问题，你不好作答时，不要以专家、讲师的姿态居高临下，可以放下身段、摆好姿态，运用太极三式：一捧二推三收。一捧：你可以说："你这个问题提得非常专业，特别好，很有代表性！大家先掌声鼓励一下！"二推：接着说："你所提的问题，我相信也是共性问题，平时大家肯定会遇到，建议我们一起讨论一下，借助集体智慧进行头脑风暴，看有没有更好的解决方法。接下来各小组讨论三分钟，然后派代表进行发言。"三收：在小组讨论的时候，你也可以再好好思考一下，最后结合各小组的意见，给出你的综合建议。

当然，以上都只是不得已的应变之法，关键还是要提高自身专业水平，成为真正的行家里手，方能以不变应万变。

第二种情况，有学员质疑，怎么办？

如果在培训中我们没有营造一个轻松的场域氛围，没有给予学员足够的关注和尊重，没有给出最实用、能落地的解决方案，甚至说话随意、措辞不当，学员有可能会质疑。

我很喜欢《孟子》中的一个观点："**行有不得者皆反求诸己。**"这是说，如果行动没有达到预期的效果，就应该反省自己，从自身找原因。如果学员质疑你的方案，不是你研究不深，就是与学员的关联度不够、实用性不强；如果学员质疑你的观点，不是你总结不到位，就是你表述不清晰。

所以，学员质疑正是你反思成长的机会。处理原则只有一个：不能对立。处理方法只有一个：欣然接受。同时还要表示感谢："嗯，有道理！还是第一次听到这样的意见，非常有建设性，谢谢你的建议，大家掌声鼓励一下！"记住，退一步海阔天空。

第三种情况，有学员就是不认真听讲，怎么办？

如果遇到就是不认真听讲的学员，新手讲师可能会想："是不是我讲得不好？"这种自责的想法会干扰到你的正常授课，因为它会挤占大脑的内存空间，影响到你的发挥。

而有经验、有自信的讲师，都擅长正向解读，只会认为"他肯定是被领导逼着过来听课的""他最近估计是在工作中受打击了，才有这么多负面情绪""他昨晚肯定加班到很晚，难怪精神不振、无精打采"。虽然这有些自我安慰的成分，但是要想排除诸多干扰因素，这种心态是必不可少的。

第四种情况，设备出故障或停电，怎么办？

如果话筒没声音了，那你就放下话筒，提高音量，继续上课，助教自会来处理；如果投影出问题了，你要不临时安排学员做练习，要不就脱稿继续上课。一个原则：没到下课休息时间，你的课程是不能停的。

有一次我在上海宝钢培训，刚开始没多久，竟然停电了，一问至少需要半小时才能恢复，但不能下课干等呀。于是，我让助教把窗帘、窗户都打开，让学员围坐过来，没有PPT、没有话筒，直接在白板上进行板书，继续上课。所以，讲师对授课内容充分熟悉才是关键，这样遇到以上情况，即使不用PPT，也能正常授课，不影响进度。

以上列举了在培训中有可能出现的突发情况。关于临场应变能力的提升，有一个公式：**定力 + 经历 = 应变能力**。

在培训中不管碰到什么情况，你自己都不能慌，要有定力。《大学》中有言："知止而后有定，定而后能静，静而后能安，安而后能虑，虑而后能得。"只有戒除内心的忐忑、担心，才能定；只有定了，才能生慧，才能周全考虑应变之法。

另外，讲师要多上台、多锻炼，经历得多了，各种情况都遇到过，再碰上突发情况自然不会慌了。《传习录》中记载了明代大儒王阳明与弟子的一段对话，弟子问："静时亦觉意思好，才遇事便不同，如何？"先生曰："是徒知静养而不用克己工夫也。如此临事，便要倾倒。**人须在事上磨，方立得住；方能静亦定，动亦定。**"很多人都有这样的体会，在无事时能保持内心平静，一旦遇到问题就内心慌乱。王阳明认为，历事才能练心，只有在事上磨炼，内心才会拥有强大力量，灵活应对各种情况。你的自如应变能力，只有在讲台上、在讲课中才能磨炼得出来。

2. 互动激活

关于如何与学员更好地互动，这是很多讲师特别关心的话题。在这里，我们来探讨三个问题：为什么学员需要调动激活，需要多久调动一次，以及怎么更好地互动。

（1）为什么学员需要调动激活

脑科学研究发现，大脑在进化过程中形成了三重脑：本能脑、情绪脑和理智脑。在《认知觉醒》一书中，作者分析到，按照进化的年代算，本能脑有近3.6亿年的历史，情绪脑有近2亿年的历史，而理智脑出现的时间只有250万年不到。如果把本能脑比作100岁的老人，那情绪脑相当于55岁的中年人，而理智脑则好比不满1岁的宝宝。可想而知，这个宝宝在两个成年人面前，是多么势单力薄。而且，我们的大脑里共有约860亿个神经元细胞，而本能脑和情绪脑就占有近八成了，它们对大脑的掌控力更强。

所以我们在生活中做的大部分决策往往源于本能和情绪，而非理智。比如，明知道读书重要，转身却掏出了手机；明知道玩手机不好，但一刷就停不下来；明知道跑步有益，但跑了两天就没了下文。

同样，当学员坐到教室里时，他们的大脑中会有三个声音，理智脑说"既来之则安之，今天要好好听课学习"，情绪脑说"老师讲得太枯燥了，一点不生动，真没意思"，本能脑说"昨晚打游戏太晚了，好困，想睡觉"。如果你还只是一味灌输，学员的大脑没有外界的干预和指挥，那么，三重大脑较量的结果肯定是：本能脑携手情绪脑战胜了理智脑，学员纷纷开小差、打瞌睡。

在《全脑教学》一书中，作者提出全脑教学法的第一法则：**讲师讲的时间越长，开小差的学员就会越多**。所以，从脑科学分析，讲师在课堂上的互动就是为了激活学员的情绪脑，加持理智脑，一起打败本能脑。

（2）需要多久调动一次

那么，在课堂上需要多久调频互动一次呢？

美国培训大师鲍勃·派克在其代表作《重塑学习体验：以学员为中心的创新性培训技术》中提出 90-20-8 黄金法则，他指出成人能够保持认真听课的最长时限为 90 分钟，其中高度集中注意力听课只能维持 20 分钟。同时，讲师每 8 分钟就需要组织学员做点什么，让他们参与其中，吸引其注意力，调动其学习主动性。

《舌尖上的中国》总导演陈晓卿，在一次专访中同样聊到了 8 分钟定律：

"8 分钟定律对我的影响很大，说的是人观看纪录片的疲劳周期是 8 分钟，所以一个好故事要在 8 分钟之内讲完。这个 8 分钟定律不只针对纪录片，所有做视觉传播的都适用。这次大家看《舌尖上的中国 2》会发现，我们都是用 50 分钟讲 7 个故事。其实一开始我还只是将信将疑，《舌尖上的中国 1》的第 5 集，我用 11 分钟讲了一个故事。播的时候我们看实时的收视率曲线，到了8分钟那里，"唰"就掉下来了，而且半天也没起来。这你就知道，科学研究其实和艺术、传播是有某种神秘关联的。怎么能让自己想表达的东西传播最大化，除了你自己要加入艺术的原动力之外，也要懂得传播的规律和科学。"

培训授课也是一种传播，同样需要遵循规律和科学。在成人培训中，每隔8分钟左右就需要进行一次调频和激活。如果学员偏年轻化，他们的注意力维持时间更短，可以5分钟一调节、10分钟一调动；如果学员年龄稍长、管理层居多，可以8分钟一调节、15分钟一调动。总之，如果不加干预和调频，学员没有参与，那么本能脑就会占山为王。

（3）怎么更好地互动

所谓调动和互动，就是想方设法让学员在课堂上动起来。怎么动？从易到难，分为五个等级，我总结为"五动"全场。

① 一级互动：眼动

最简单的互动，是吸引学员眼动。吸引学员注意的关键就是吸引目光。要想让他们眼动，首先你的课件中要有鲜活素材：图片、视频。如果你的呈现缺乏新鲜的、令人好奇的、具有吸引力的东西，那么学员的眼神便会转移到手机上。

当然，有些培训内容的确比较枯燥，可能没有太多鲜活素材去吸引学员，学员还是容易走神。那么你在授课中需要不时观察学员，当发现有人低着头看手机时，如何让学员的眼神重新回归？我在课堂上用得最多的两个词是："注意！""哈喽！"它们可以直接将学员的眼神召唤回来。

② 二级互动：口动

口动，是让学员开口、动口说。除了回答问题、小组讨论和分享交流环节可以让学员动口之外，你还可以运用以下两个小技巧。

一是请单个学员读。对于PPT上的大段文字，尤其是概念类的信息，可以请一位学员起立读一下。二是请学员一起读。对于重要知识点，尤其是朗朗上口的心法口诀之类的，可以邀请大家一起朗读，加深印象。

③ 三级互动：手动

手动，就是让学员的手动起来。

一是动手做记录。学员在听课时，往往容易走神。在讲授重点时，你可以不时提醒学员动手记："这点非常重要，大家记一下！"如果现场有学员没带笔和本子，也可以提醒他们拿手机拍。课程中的关键结论，一定要一字一顿地送进学员脑海中，并通过动手让他们加深印象。

二是动手做动作。根据课程内容，适时设计一些手部动作，让学员跟着一起做。我在TTT培训时，便设计了一个经典动作：画个圈圈，跳出来！每当希望学员能够跳出现有思维，觉察背后门道时，我就带着大家做一下这个动作。既可以吸引注意，又能够通过简单动作，适时调整学员的学习状态。

三是动手做活动。让学员写海报、写板书、粘贴、拼图、连线、摆放等，让人动手的活动对于学员的吸引力远远大于仅仅用脑的活动。

四是动手来鼓掌。但凡有互动环节，例如学员回答问题、小组代表发言，结束时记得说六个字："掌声鼓励一下！"你在阐述重要观点后，也可以求认同："认同的掌声鼓励一下！"说到关键处，声音高一点、语音顿一下、手势扬一下，同样看有没有掌声。鼓掌能起到注意力聚焦的重要作用，而且只要课堂上掌声响起来，氛围自然被调动起来。

④ 四级互动：身动

新手讲师在互动中比较重视学员听觉、视觉和头脑的参与，往往忽视学员身体的投入和参与。大卫·梅尔在《培训学习手册》中指出："如果没有身体的运动，思想往往是沉寂的。"当我们身体动起来的时候，会使更多的氧气进入人体，让人能量更强。当有更多血液被送到大脑，脑细胞获得更多氧气时，思维会更加敏锐、更加活跃，并使得大脑能够激活更多长时记忆的区域。《心智、脑与教育：教育神经科学对课堂教学的启示》一书中提出：**运动能促进记忆和学习**。

具体怎么做呢？给你推荐我常用的三种做法。

一是邀请学员上台。请一个或几个学员上台，进行场景模拟或示范练习。

二是邀请学员起立。比如出了一道练习题，请每个人写下答案，然后请写好的起立。这样，你既能看到大家做题的进度，也可以不动声色地让学员简单活动一下。等到所有人都起立后，再让他们左右相互分享一下答案。

三是邀请学员走动。各章节讲授完毕后，可以请学员起立，找搭档分享本章节的知识要点和心得感悟。如果在讨论环节，每组有写海报、张贴海报的任务，可邀请所有学员起立，在组长带领下，去观摩一下其他组的海报。同时，别忘了放一首轻快动感的乐曲，此时，课堂氛围将一下被点燃。

⑤ **五级互动：心动**

互动的最高等级和境界，是与学员产生共情、共鸣，让学员心动，听过了还想听，即使岁月悠长，依然念念不忘。

想让学员心动，**首先需要你用心准备**。真心换真心，心心才能相印。对于一堂培训课程，你有没有用心准备，学员是能感受到的。

想让学员心动，**其次需要你自我调动**。想要感动学员，先要感动自己；想要激励学员，先要激励自己。你就是课堂上的一面镜子，你只有激情四射，学员才能活力满满。只要站上讲台，就请调整好你的情绪，因为你的状态就是学员的状态。想要点燃学员，先要燃烧自己。

想让学员心动，**最后需要你用心激发**。每个人都有被尊重、被赞赏、被肯定、被接纳的诉求，当诉求被满足、收到肯定赞美、获得成就感的时候，大脑会分泌一种叫多巴胺的神经递质（脑内物质），它又被称为幸福物质。例如我们在小学时郊游的前一天晚上总是兴奋得睡不着，这就是大脑分泌了大量多巴胺引起的。多巴胺释放的增多能够产生积极的情绪，同时增强学习动机、记忆力和注意力。可以说，促进多巴胺的分泌 = 激发学员。

那么，要如何促进学员分泌多巴胺呢？我总结了"520"法则。

5个动作：一个鼓励的眼神、一个肯定的微笑、一个点赞的手势、一句肯定的夸奖、一个中肯的建议。

2个机会：给予学员练习的机会，让其提升能力；给予学员表现的机会，让其展现能力。

0否定：在培训练习中，你可以给学员合理的建议，但一定不能否定他、打击他的信心。你的肯定，才是学员前行最大的动力，可以说，给信心比给知识更重要。

只要做到以上"520"，在培训中注入爱的关注和鼓励，更多学员就会在多巴胺的刺激中，感到幸福和快乐，获得改变和成长。**平庸的老师说教，合格的老师解释，优秀的老师示范，伟大的老师激发**。好的教育是人点燃人，你只有激发了，才能点燃他。点燃和成就更多的人，我想，这才是培训师最大的价值和使命。

总之，学习是全感官的参与，通过以上眼动、口动、手动、身动、心动五种互动激活方式的综合运用，交叉调动学员视觉、听觉、触觉等神经系统。让学员动起来，让课堂活起来，让成长和改变发生。

小胡子画重点

1. 做到人和的两个关键动作：控场应变 + 互动激活。
2. 临场应变能力公式：定力 + 经历 = 应变能力。
3. 五级互动：眼动、口动、手动、身动、心动。

本章小结 · 小胡子敲黑板

天时、地利、人和，是影响一场培训的三元素，民国时期传奇女作家萧红，曾经总结："天时，地利，人和。最要紧的还是人和。人和了，天时不时也好了，地利不利也好了。"

的确，只要学员被激活了，即使培训场地简陋，没有音响设备，没法分小组摆座位，好的学习场域氛围也可以被营造；只要学员被激发了，即使培训安排在周末甚至晚上，占用了个人休息时间，学员也不会有怨言。

记得有一次培训上课前，我听到两个学员在私下聊天，其中一位说："唉，这个周末又没得休息，领导非要我过来培训，真是烦死了。"其实，企业培训时，由于不合时机的安排，导致这种被动参训的学员，应该不在少数。当大脑充满负面情绪时，人的心门是紧锁的，理智是无力的。在这样的情况下，只有氛围的营造、正向的引导、适时的鼓励、多巴胺的分泌、心流的激发，才能"芝麻开门"。

很多时候，在培训结束时，有学员跟我说，这次培训真是来对了，太幸运了，甚至有人在说的时候，眼眶都湿润了。在那个时刻，我明白，在他们心中，培训已不是逼迫、煎熬，而是幸福和享受。

我之所以选择培训这条道路，是因为喜欢看到学员快乐地学习。能够带动学员在快乐中点燃、在点燃中成长，我想，这是我人生中最大的幸福和享受。

我享受每一场培训，也希望更多优秀的讲师，能让更多学员心流涌动，将培训当成享受。

后记

小胡子再说

最后,希望有缘读到这本书的人,能把它推荐给身边更多的讲师朋友。如果你想瞧一瞧小胡子的示范教学,得到现场训练和辅导,欢迎你走进"匠心传承:三步成师金牌讲师研习坊"。如果你是TTT讲师,想讲授本书中的版权内容,也欢迎你通过授权班,加入"三步成师TTT讲师团",共同为各行业的培训讲师赋能,点燃更多火种。

说到点燃,我想起电影《一代宗师》中的一句台词:"凭一口气,点一盏灯。要知道念念不忘,必有回响。有灯就有人。"

我很喜欢这句台词,影片用"点灯"的象征,诠释了武学传承的意义。而培训教育,何尝不是传承?培训讲师,何尝不是点灯人?

好的教育不是灌输,而是点燃。企业培训是短时教育,几天时间虽无法改变生命,但可以点燃火种。多年前,一次培训结束后,一位五十多岁的内训师给我留言:"小胡子老师,谢谢你改变了我!"教学相长,其实那则留言也深深激励了我,让我真正明白了培训课程背后的价值和意义。

匠心传承，万法由心。只要你用心讲好课，就一定有人会因你而改变和点燃。

好的课程是有温度的，好的讲师是有情怀的。**始于热爱精于勤，面向学员面向君；终于敬畏存于心，不负讲台不负卿。**

希望更多优秀的讲师，心存敬畏、修己度人，当好点灯人，让学员庆幸来过你的课堂，听到、悟到、行到。课程结束，学习开始。讲师离场，曲终人不见；学员岸头，江上数峰青。念念不忘，终生回响。生命，由此而点燃。

特别庆幸我在十多年前，能选择站上讲台。成长于讲台，成熟于讲台；感悟于讲台，感恩于讲台。

感谢曾经参加过小胡子TTT培训的学员们，特别是多年来不离不弃的"铁粉们"，你们的认同、喜爱和念念不忘，是我对讲台始终保持热情和激情的强大动力。你们的精彩设计，也让本书有了大量原创经典案例。优秀的你们，是这本书共同的创造者。

感谢全国各地深度合作的培训机构，是你们多年来的信任，让我得以走遍全国，去到一百多个城市传道授业，积累了上千场培训经验。正是一次次的授课机会，才有了一次次的琢磨迭代，才有了本书分享的经验和方法。

感谢秋叶老师为本书的成稿提供了指导，感谢机械工业出版社华章分社岳占仁、李万方老师为本书的出版提供了支持。

更要感谢父母多年来的教诲和熏陶。父亲作为新中国第一代农民诗人，曾被评为全国青年社会主义建设积极分子，三次出席全国表彰大会，受到党和国家领导人接见。如今八十五岁了，依然学习不止、笔耕不辍，正如他在诗作《寄语诗友》中所写："迈开脚步似飞腾，昼伴阳光夜伴星。创作生涯无止境，黎明过后又黎明。"生命不息，奋斗不止，父亲是我终身学习的榜样。母亲是光荣的人民教师，执教三十多年，三尺讲台育桃李，一支粉笔谱春秋。我的讲台梦，最早也是源于母亲的影响。"艺高为师，德高为范",母亲是我学习的典范。正是父母的言传身教,让我的梦想得以照进现实。

最后的最后,还要感谢我的夫人多年来对培训事业的默默支持。走过再多远方,家永远是心中的牵挂。我平时的工作常态就是"空中飞人",培训和家庭难以兼顾,是她独自撑起了一个家。尤其是女儿子兮出生后,她一边为女儿生活操劳,一边当老师,培养女儿快乐成长。

只有心中有爱,眼里方有光。感恩合十,念念不忘。初心不改,臻于至善。奋楫扬帆,再度起航。

参考文献

[1] 加涅，韦杰，戈勒斯，等. 教学设计原理：第5版[M]. 王小明，庞维国，陈保华，等译. 上海：华东师范大学出版社，2018.

[2] 梅里尔. 首要教学原理[M]. 盛群力，钟丽佳，译. 福州：福建教育出版社，2016.

[3] 派克. 重构学习体验：以学员为中心的创新性培训技术[M]. 孙波，庞涛，胡智丰，译. 南京：江苏人民出版社，2015.

[4] 王守仁. 王阳明全集[M]. 上海：上海古籍出版社，2012.

[5] 孟宪承，陈学恂，张瑞璠，等. 中国古代教育史资料[M]. 北京：人民教育出版社，1961.

[6] 张健. 毛泽东的教育实践[M]. 北京：北京教育出版社，1993.

[7] 苏泽. 心智、脑与教育：教育神经科学对课堂教学的启示[M]. 周加仙，等译. 上海：华东师范大学出版社，2012.

[8] 希思 C，希思 D. 行为设计学：让创意更有黏性[M]. 姜奕晖，译. 北京：中信出版集团，2018.

[9] 哈迪曼. 脑科学与课堂：以脑为导向的教学模式[M]. 杨志，王培培，等译. 上海：华东师范大学出版社，2017.

[10] 库伯. 体验学习：让体验成为学习和发展的源泉[M]. 王灿明，朱水萍，等译. 上海：华东师范大学出版社，2008.

[11] 比弗尔. 全脑教学[M]. 程茗荟，曹卫国，胡澂，等译. 北京：中国青年出版社，2014.

[12] 梅尔. 培训学习手册：全球500强广为推崇的快速学习法：第2版[M]. 刘安田，张峰，译. 北京：企业管理出版社，2007.

[13] 迈尔斯，尼克斯. 高效演讲：斯坦福备受欢迎的沟通课 [M]. 马林梅，译. 南京：江苏人民出版社，2015.

[14] 吴军. 见识 [M]. 北京：中信出版集团，2018.

[15] 庞涛. 华为训战 [M]. 北京：机械工业出版社，2021.

[16] 明托. 金字塔原理：思考、表达和解决问题的逻辑 [M]. 汪洱，高愉，译. 海口：南海出版公司，2019.

[17] 爱泼斯坦. 成长的边界：超专业化时代为什么通才能成功 [M]. 范雪竹，译. 北京：北京联合出版有限公司，2021.

[18] 田俊国. 讲法：从说教到赋能 [M]. 北京：电子工业出版社，2018.

[19] 悦扬，李殿波，余雪梅. 企业经验萃取与案例开发 [M]. 北京：机械工业出版社，2017.

[20] 孙波. 最佳实践萃取 [M]. 南京：江苏人民出版社，2017.

[21] 平克. 全新思维：决胜未来的6大能力 [M]. 高芳，译. 杭州：浙江人民出版社，2013.

[22] 施瓦茨，曾，布莱尔. 科学学习：斯坦福黄金学习法则 [M]. 郭曼文，译. 北京：机械工业出版社，2018.

[23] 中国电力教育协会. 电力行业企业培训师培训教材 [M]. 北京：中国电力出版社，2021.

彼得·德鲁克全集

序号	书名	序号	书名
1	工业人的未来The Future of Industrial Man	21 ☆	迈向经济新纪元 Toward the Next Economics and Other Essays
2	公司的概念Concept of the Corporation	22 ☆	时代变局中的管理者 The Changing World of the Executive
3	新社会 The New Society：The Anatomy of Industrial Order	23	最后的完美世界 The Last of All Possible Worlds
4	管理的实践 The Practice of Management	24	行善的诱惑The Temptation to Do Good
5	已经发生的未来Landmarks of Tomorrow：A Report on the New "Post-Modern" World	25	创新与企业家精神Innovation and Entrepreneurship
6	为成果而管理 Managing for Results	26	管理前沿The Frontiers of Management
7	卓有成效的管理者The Effective Executive	27	管理新现实The New Realities
8 ☆	不连续的时代The Age of Discontinuity	28	非营利组织的管理 Managing the Non-Profit Organization
9 ☆	面向未来的管理者 Preparing Tomorrow's Business Leaders Today	29	管理未来Managing for the Future
10 ☆	技术与管理Technology，Management and Society	30 ☆	生态愿景The Ecological Vision
11 ☆	人与商业Men，Ideas，and Politics	31 ☆	知识社会Post-Capitalist Society
12	管理：使命、责任、实践（实践篇）	32	巨变时代的管理 Managing in a Time of Great Change
13	管理：使命、责任、实践（使命篇）	33	德鲁克看中国与日本：德鲁克对话"日本商业圣手"中内功 Drucker on Asia
14	管理：使命、责任、实践（责任篇）Management: Tasks,Responsibilities,Practices	34	德鲁克论管理 Peter Drucker on the Profession of Management
15	养老金革命 The Pension Fund Revolution	35	21世纪的管理挑战Management Challenges for the 21st Century
16	人与绩效：德鲁克论管理精华People and Performance	36	德鲁克管理思想精要The Essential Drucker
17 ☆	认识管理An Introductory View of Management	37	下一个社会的管理 Managing in the Next Society
18	德鲁克经典管理案例解析（纪念版）Management Cases(Revised Edition)	38	功能社会：德鲁克自选集A Functioning Society
19	旁观者：管理大师德鲁克回忆录 Adventures of a Bystander	39 ☆	德鲁克演讲实录The Drucker Lectures
20	动荡时代的管理Managing in Turbulent Times	40	管理(原书修订版) Management (Revised Edition)
注：序号有标记的书是新增引进翻译出版的作品		41	卓有成效管理者的实践（纪念版）The Effective Executive in Action

商业设计创造组织未来

书号	书名	定价
978-7-111-57906-9	平台革命：改变世界的商业模式	65.00
978-7-111-58979-2	平台时代	49.00
978-7-111-59146-7	回归实体：从传统粗放经营向现代精益经营转型	49.00
978-7-111-54989-5	商业模式新生代（经典重译版）	89.00
978-7-111-51799-3	价值主张设计：如何构建商业模式最重要的环节	85.00
978-7-111-38675-9	商业模式新生代（个人篇）：一张画布重塑你的职业生涯	89.00
978-7-111-38128-0	商业模式的经济解释：深度解构商业模式密码	36.00
978-7-111-53240-8	知识管理如何改变商业模式	40.00
978-7-111-46569-0	透析盈利模式：魏朱商业模式理论延伸	39.00
978-7-111-47929-1	叠加体验：用互联网思维设计商业模式	39.00
978-7-111-55613-8	如何测试商业模式：创业者与管理者在启动精益创业前应该做什么	45.00
978-7-111-58058-4	商业预测：构建企业的未来竞争力	55.00
978-7-111-48032-7	企业转型六项修炼	80.00
978-7-111-47461-6	创新十型	80.00
978-7-111-25445-4	发现商业模式	38.00
978-7-111-30892-8	重构商业模式	36.00